U0936309

珍藏本
纪念版

汉译世界学术名著丛书

谈谈方法

〔法〕笛卡尔 著

王太庆 译

SINCE 1897 商務印書館 The Commercial Press

2017年·北京

René Descartes

DISCOURS DE LA MÉTHODE

pour bien conduire sa raison et

chercher la vérité dans les sciences

Œuvres de Descartes

publiées par C. Adam et P. Tannery, Paris 1902

根据亚当和塔内里公司 1902 年版《笛卡尔全集》第 6 卷译出

汉译世界学术名著丛书
（120年纪念版·珍藏本）
出 版 说 明

2017年2月11日，商务印书馆迎来120岁的生日。120年前，商务印书馆前贤怀揣文化救国的理想，抱持“昌明教育，开启民智”的使命，立足本土，放眼寰宇，以出版为津梁，沟通中西，为中国、为世界提供最富智慧的思想文化成果。无论世事白云苍狗，潮流左右激荡，甚至战火硝烟弥漫，始终践行学术报国之志，无改初心。

逐译世界各国学术名著，即其一端。早在20世纪初年便出版《原富》《天演论》等影响至今的代表性著作，1950年代后更致力于外国哲学和社会科学经典的译介，及至1980年代，辑为“汉译世界学术名著丛书”，汇涓为流，蔚为大观。丛书自1981年开始出版，历时三十余年，迄今已推出七百种，是我国现代出版史上规模最大、最为重要的学术翻译工程。

丛书所选之书，立场观点不囿于一派，学科领域不限于一门，皆为文明开启以来，各时代、各国家、各民族的思想与文化精粹，代表着人类已经到达过的精神境界。丛书系统译介世界学术经典，引领时代思想，为本土原创学术的发展提供丰富的文化滋养，为推动中国现代学术和现代化进程做出了突出的贡献。

为纪念商务印书馆成立120周年，我们整体推出“汉译世界学术名著丛书”120年纪念版的珍藏本，寄望既利于文化积累，又便于研读查考，同时向长期支持丛书出版的译者、编者和读者致以敬意。

两甲子后的今天，商务印书馆又站在了一个新的历史时间节点上。我们不仅要铭记先辈的身影和足迹，更须让我们的步伐充满新的时代精神。这是商务人代代相传的事业，更是与国家和民族的命运始终紧密相连的事业。我们责无旁贷，必须做好我们这代人的传承与创造，让我们的努力和成果不仅凝聚成民族文化的记忆，还能成为后来人可以接续的事业。唯此，才能不负前贤，无愧来者。

商务印书馆编辑部

2017年10月

笛卡尔生平及其哲学[①]

（代　序）

勒内·笛卡尔(René Descartes,1596—1650),法国人,西方近代哲学的创始人之一,一位在哲学史上起了重要作用的哲学家。历来人们对笛卡尔哲学的评价是多种多样的,有的非常高,有的差一些,但是全都承认他是第一流的哲学家。只有我国某些作者不这样看,认为只有他的物理学有点价值,其他部分不是这样荒唐,就是那样反动,因此整个看来笛卡尔哲学是一种畏首畏尾的、自相矛盾的、错误百出的末流思想。这种看法前一个时期甚至在我国占了统治地位,被认为是科学定论。近年来有所转变,有些人对这个定论的科学性发生怀疑,认为需要重新考虑。本文试图把笛卡尔这个人和他的哲学思想放在辩证发展的历史长河中再考察一次,提出一点自己的见解,供大家参考。

一、笛卡尔的一生

笛卡尔生在16世纪末年,死在17世纪中叶。在他活动的时

① 本文原名为《笛卡尔》,发表于《西方著名哲学家评传》第四卷,山东人民出版社,1984年。

期，新兴的资产阶级已经在欧洲登上了历史舞台，正在积聚力量，为进一步发展壮大而斗争。在少数先进地区，例如英国和荷兰，资产阶级已经初步取得政权；但是在大部分地区，封建势力还占统治地位，资产阶级还处在被压迫的无权状态中，笛卡尔的祖国法国就是这样。

法国的资产阶级比英国和荷兰的资产阶级幼小，但并不是软弱无能或怯懦退缩。这个初生之犊满怀希望，跃跃欲试，已经看出封建制度日薄西山的颓势了。在笛卡尔身上可以明显地看到这一点。他出身贵族，父亲是布勒丹省法院的法官，把他送入著名的拉·弗来施(La Fléche)公学，接受耶稣会士的正规传统教育，希望他接贵族的班。但是他完全没有做官当老爷的意思，一心扑在新科学上，父亲一死就把采地卖光，将所得款项投资，靠红利过活了。这就是说，他已经自觉地改变成分，在思想上、社会上以至经济上都变成了资产阶级分子。法国资产阶级以它的远大前程吸引了笛卡尔的加入。笛卡尔能够干这种事情，而且干得很利索，正说明他不但有眼光，而且很勇敢。他的言论很谨慎，这并不是怯懦，而是处在强大敌人的面前需要讲究一点策略。如果真是胆小怕事，他本来完全有条件安享荣华富贵，又何必单枪匹马地铤而走险呢？

从八岁到十六岁，笛卡尔在学校读书。拉·弗来施公学是当时欧洲最著名的学校，讲授各种古典学科。笛卡尔非常好学，攻读了古典语文、历史、文学、修辞、神学、哲学、法学、医学等等，仍不满足，课外还读了大量稀奇古怪的书，其中也包括一些宣传新思想的科学书，甚至禁书。正是这种广泛的阅读开阔了他的眼界，照亮了他的心扉，他不再像传统所要求的那样把圣经贤传当作绝对的权威崇拜，开始采取批判的眼光看待一切了。他在很年轻的时候就大胆地认为，传统的学问实在无用：神学教人升天，一味强调天启，贬低智力，我们这些普通人当然学不进去；哲学在经过千百年最杰出的能人钻研之后，仍然没有一点不在争论中，只是煞有介事地无所不谈，打着真理的招牌骗取浅人的轻信而已。至于其他的学问，既然是从这样的哲学借来原则的，基础不牢，当然不能建立起什么结实可靠的东西来。只有数学，他认为推理确切明了基础牢固，但是一向只用于机械技术，并没有在上面建立起崇高的楼阁。

因此在毕业之后，他就完全抛弃了书本的研究，走向实际。他决心向世界这本大书学习，收集各种经验，随时随地用自己的理性来加以思考，以便从中取得教益。为了认识世界，他同各种各样的人交往，曾经以志愿兵的身份参加了日耳曼的三十年战争。他的体格不强，冲锋陷阵的事是没有份的，只是干些文职工作，因而结识了来自各国的一些科学家。军务并不繁忙，倒是有工夫从事科学活动。他并不仅仅收集资料，而是把更多的精力用在分析、综合的理解活动上。他不爱早起，常常在床上躺一个上午，仔细琢磨着科学问题。他的解析几何学，基本上就是靠在枕头上发明的。他同时还研究了天文学、地球学、气象学等方面的问题。

笛卡尔倾心于新科学，因为他认清了宗教迷信和经院哲学对人生有百害而无一利，只有科学才能给人类带来幸福。在这一点上，他和弗兰西斯·培根是一致的。因此他们被称为近代科学的两位伟大的旗手。笛卡尔明白科学的发明可以帮助各种技艺，减轻人类的辛劳，但是他绝不止于为生产技术而研究科学，而要追究科学的原则，认识科学的底蕴。因此他不限于追求经验，利用经验，还要追问人是怎样研究科学的，这就是要提高到世界观的水平，建立新的科学的哲学。他认为只有这样才能真正造福人类。关于这一点，他在他的处女作《谈谈正确运用自己的理性在各门学问里寻求真理的方法》[①]一书（1637）中讲得非常明白。这本书不用过去学者习用的高头讲章体裁，而用通俗易懂的自传方式写成，也不用学究的拉丁文，而用人民群众喜闻乐见的法文，写得丝丝入扣，娓娓动听，在散文文学中也是上品，因而在内容和形式上都给人深刻印象，被公认为近代哲学的宣言书。

1629年笛卡尔由于在法国遇到的干扰较多，不利于科学研究，于是卖掉祖传的采地，避居荷兰，在那里一共住了二十年。他在隐居生活中写下他的绝大部分著作，首先是《世界，或论光》[②]，采取哥白尼的太阳中心说观点，讨论物理学和天文学问题。他还没有写完这部书，就鉴于伽利略因为持太阳中心说而被罗马教廷审讯迫害的情况，恐怕遭到物议，决定不予发表。这件事一般认为是他胆怯的证据，其实只足以说明宗教顽固势力的淫威还大，笛卡尔即使藏在学术思想比较自由的荷兰，也不能不加以考虑。为了安全地进行科学研究工作，他避免遭到正面冲突可能惹来的无谓牺牲。事实表明他这样考虑是对的，因为在十年之后，他还是受到

① Discours de la méthode pour bien conduire sa raison et chercher la vérité dans les sciences，见 Œuvres de Descartes，èd. par C. Paul et P. Tannery，Paris，1897—1910，tome VI，lère partie，简称《谈谈方法》。

② Le monde，ou de la lumiére (1633).

了一定程度的排斥，荷兰的教权派宣布禁止讲授他的学说。笛卡尔当时的谨慎使他赢得了工作条件，他只是暂时隐蔽，并未改变主张，他那些主张还是原原本本地写在他以后的著作中。

1637年他发表《谈谈方法》，这是他第一次发表的著作，影响很大。书中着重论述了他的方法论思想，并且附有三篇附录：《几何学》、《折光学》和《气象学》，作为使用他的新方法的例子。其实这也就是《世界》书中的一部分内容，其中的《几何学》是数学史上打开新纪元的解析几何。

他的主要著作《第一哲学沉思集》[①]发表于1641年。这部书详细论述了他的基本哲学思想。在发表之前，他把抄本托人分送当时的各派著名哲学家，例如神学家加泰鲁(Caterus)、唯物论者霍布斯和原子论者伽桑狄等，请提批评意见，然后把收集来的意见加以整理，一一写出答辩，收入书中作为附录。这个办法倒很新鲜，有人认为笛卡尔有心计，把别人的意见哄出来了，在出版之前就作好反驳，抢先一步，占了便宜。不过这样一来倒是给我们留下了一份当时思想斗争的原始记录，十分难得。

接着他在1644年发表了他的系统哲学著作《哲学原理》[②]。这部书是他的全部思想的总括，物理学部分的内容尤其丰富，而且在后来发表的法文译本中又补充了一些新的材料，可以说是笛卡尔哲学的最终定型。可惜这书的英文译本只选译了一部分，中文译本又是根据英译本转译的，许多重要材料在我国还没多少人知

① Meditationes de prima philosophia，后来译成法文，题为 Les méditations métaphysiques。

② Principia philosophiae，法文译本题为 Les principes de la philosophie。

道。

笛卡尔的最后一部著作《论灵魂的感情》[①]发表于1649年，讨论心理学问题，特别是身心关系问题。

1649年瑞典女王克里斯丁娜(Christina)通过法国大使山虞(Chanut)邀请笛卡尔到斯德哥尔摩给她讲哲学。这位号称开明君主的女王为了表明自己重视学术，派了一艘军舰迎接他前往。本来不好社交的笛卡尔居然接受邀请，于1649年9月到达这个寒冷的北国，大概是由于当时他在荷兰不大顺心。在瑞典宫廷里要每天清晨五点讲课，大大违反他的晚起习惯，非常辛苦。北国的严寒终于使这位体格孱弱的哲学家得了肺炎，死于1650年2月。

笛卡尔的著作还有早年的逻辑作品《指导心智的规则》[②]，以及一部生理学作品《论胎儿的形成》[③]，此外还留下一些书信和短文。他的传记有1901年出版的巴叶著《笛卡尔先生传》[④]。

二、笛卡尔的方法论

新兴的欧洲资产阶级是以新的科学知识起家的，也只有大力发展科学，它才能壮大发达。它要赚钱，也要伸手拿权。要赚钱就要先有科学知识，没有权就不能赚大钱。没落的贵族统治者当然

---

① Traité des passions de l'âme.

② Regulae ad directionem ingenii.

③ De la formation du foetus.

④ Adrien Bailler, La vie de Monsieur Descartes. 见 Ch, Adam, vie et œuvres de Descartes, Paris, 1910，即全集第12卷。

也要钱，但是他们手里有的是权，用权来抢钱就行了，用不着科学，而且科学会使老百姓脑子灵活起来，不利于他们的统治。他们只要统治，老百姓越愚昧对他们越有利。迷信、宗教、神学、经院哲学是他们的法宝。

新兴的资产阶级首先要解决无知的问题，接着才要求解决无权的问题。在十七世纪，最突出的迫切问题还是前者。英国的培根在十七世纪初首先喊出了“知识就是力量”的口号，这个口号鲜明地表达了时代的精神。他向经院哲学轰击了第一炮。在这个最重要的一点上，笛卡尔是培根的学生和同志。他们是科学家，又不止是一般的实用科学家。他们要求找出科学的总原则，用来推动全部科学的不断发展。他们是思想家、哲学家、新时代的哲学家。他们反对经院哲学，但并不只是指摘它在这一点那一点上错了，也不是笼统地说它一概都错了，而要找出错误的关键所在。因此他们要深入研究认识本身的问题，即认识论问题。这并不是说他们不研究其他方面的哲学问题，而是说他们把认识问题放在主导的地位。这是近代哲学不同于古代哲学的特色。正是从这一点看，我们才说培根和笛卡尔是西方近代哲学的真正开山祖。

关键在哪里呢？他们两个人都认为经院哲学的错误关键在于认识方法的不对。

经院哲学的方法是：以某些宗教信条为根据，依照一系列固定的逻辑公式，如三段式，推出维护宗教的结论，它所根据的前提是不是可靠，它是从来不管的。即使前提可靠，推出来的东西也只能限于前提里所包含的，一点也不能给人新的知识。而且，固定的逻辑公式只涉及事物的形式方面，与内容完全无关，得出的结论好像玄之又玄，其实空而又空，完全是废话。废话是脱离实际的，它就完全可以按照各人自己的需要任意胡诌，彼此冲突矛盾，永远争论不休。这就像一些包揽词讼的讼棍一样，可以依据同一部法典，把诉讼的双方都说成有理，或者都说成有罪。

总起来说，经院哲学有三个特点：一个是信仰主义，一个是先验主义，一个是形式主义。这三个特点是互为表里的。

培根提出了经验主义，来对付经院哲学的先验主义。笛卡尔则提出理性主义，来对付经院哲学的信仰主义。这两个人都大力提倡具体的科学研究，来对付经院哲学的形式主义。由于偏重的方面不同，发生的影响不同，后来人们把培根的哲学称为经验主义，把笛卡尔的哲学称为理性主义。这两个名称很好地说明了他们的特点，只是很容易使人们忽略他们的共同特点，把一条战壕里并肩战斗的战友误解为互相对立的敌人。这好像有两个人一同去打蛇，一个专打蛇头，一个专打七寸，我们可不能把一个看成蛇头派，一个看成七寸派，忘了他们打的是同一条蛇，把他们的共同斗争说成势不两立的内讧。

笛卡尔反对把真理的获得说成出于上帝的恩典，认为那是人的聪明才智造成的，但他也不认为单用聪明才智就能获得真理，而强调这主要在于**正确地**运用才智。他说，“行动十分迂缓的人，只要始终循着正道前进，就可以比离开正道飞奔的人走在前面很多。”[1]他所谓聪明才智，指的就是判别真假是非的理性，又名良知

① Discours de la méthode, 1ère partie.

(le bon sens)或自然光明(la lumière naturelle),与盲目信仰对立,并不与感觉对立。这是广义的理性。理性主义所主张的首先是广义的理性,完全排除宗教迷信。

他以人人具有的理性为标准,对以往的各种知识作了一个总的检查。因为要立新必须先破旧。他说,“由于我们在长大成人之前当过儿童,对呈现在我们感官面前的事物作过各种各样的判断,而那时我们还没有充分运用自己的理性,所以有很多先入的偏见阻碍我们认识真理,因此我们要摆脱这些偏见的束缚,就必须在一生中有一次对一切稍有可疑之处的事情统统加以怀疑。”①“这并不是模仿怀疑派,学他们为怀疑而怀疑……只是为了使自己得到确信的根据,把浮土和沙子挖掉,以便找出磐石和硬土。”②这就是所谓笛卡尔的方法论上的怀疑。他为了建立可靠的新科学,先把一切不可靠的东西推倒,腾出地基。这是一个十分大胆的革命行动,在那个封建迷信十分顽固的时代,确实有此必要,非如此不能耳目一新。

他这一炮也确实瞄得很准,放得很猛,连他自己也意识到可能引起大哗,因而作下种种保护性的解释,说他这个主张仅仅是为了改造他自己的思想,而且范围仅限于科学,与神学无干,也与政治、社会无干,甚至再三声明自己是个最虔诚的天主教信徒,完全服从教会等等。这些话在当时可能起了点保护作用,今天大概没有人还会单纯到信以为真吧。笛卡尔是个聪明人,他自己心里明白:他

① Principia philosophiae, pars I, 1.

② Discours de la méthode, 3ème partie.

要爆破的是一个关键性的枢纽，怎么会不影响他人，不影响社会呢？如果不影响，他又何必写在书上印出来给大家看呢？

他这普遍怀疑是去伪存真的批判，并不是一概打倒的虚无主义。批判不等于打倒，而是打倒假的，肯定真的。把不可靠的统统看成假的，剩下来的也就是真的了。他首先否定了迷信，同时也否定了幻觉，但是并没有否定实在。他要研究如何获得符合实际的认识，这就是肯定了客观方面的实际和主观方面的认识，肯定了二者不同，但是可以符合。迷信和幻觉不符合实际，科学知识符合实际。怎样鉴别符合不符合呢？这衡量的标准笛卡尔认为必须是我们自己的理性，不是权威，也不是道听途说，或者鲁莽武断、胡思乱想。这广义的理性首先否定了迷信，但是我们的错误还不止是迷信，此外更有幻觉。要识破幻觉，更需要用精确意义的理性。我们的感觉常常欺骗我们：一座方塔，远看却是圆的；一根手杖插在水里，看来却像是折断的；而且我们还会做梦，梦中的现实都不真实，如果单用感官，实在无法觉察这类骗局。笛卡尔认为一定要用更高级认识能力——理性——才行。感官只能得到个别的、片面的知觉，只有理性才能获得普遍的、必然的认识。因此我们必须时刻谨防感官的欺骗，有意识地对一切进行仔细分析，把它分成尽可能小的部分，小到一下就能清楚明白地洞察其本质。把每一个部分都认识透彻之后，对全体也就得到了可靠的认识。笛卡尔认识论的核心就是：凡属理性清楚明白地认识到的，都是真的。

这种认识论是理性主义的，还不能见到实践是认识的基础，也是鉴别真理的唯一标准。但笛卡尔比马克思要早二百多年，那个时代谁也没有达到马克思的水平。笛卡尔不但没有达到马克思的水平，连康德的水平都没有达到，但是他达到了他那个时代哲学所能达到的高级水平，比经院哲学高明多了。

有些学者认为理性主义与经验主义完全对立，经验主义只要经验，理性主义完全不要经验，只要理性，所以只能是唯心论。这是出于误解。因为他们采纳了一个旧译名“唯理论”来翻译 rationalisme 这个字，而中国的“唯”字当“只”讲，于是以为笛卡尔主张只有理性在那里孤孤单单地认识真理，感觉只会骗人，必须排除干净。这当然不合事实。笛卡尔从来没有要求完全否定感觉，正好相反，他是科学家，一辈子从事科学试验，在许多科学部门中都有重大贡献，并不是空想家，天天躺在床上猜测。他只是认为感觉经验有片面性，单凭感觉得不到普遍的科学真理。必须更上一层楼，在全面的理性指导下批判地总结才行。笛卡尔强调理性这位将军对胜利所起的作用，并不是把它看成无兵元帅、光杆司令。

笛卡尔以理性的清楚明白认识作为真理标准，是反对神秘主义的。这是他从文艺复兴以来的新科学中学来的，那些科学反对模糊笼统的臆断，要求把一切分割成尽可能小的部分，仔细地一一详加考察，直到一目了然，不留一点漏洞。这就是力学方法或机械方法，在当时的条件下毫无疑问是最先进的。但是全体不止是各个部分的简单机械总和，机械论不懂得辩证的发展，很快就暴露出它的局限性来了。这种局限性在经验主义哲学家身上表现得更为突出，相比之下，笛卡尔哲学包含的辩证法因素还要多一些，马克思和恩格斯甚至称他为辩证法家。

笛卡尔认为真理并不是彼此孤立的、平列的，而是一些有主有从的原理，构成一个有机的体系。他要找出这个大体系，所以不肯只是一笔一笔地记流水账，一定要算清总账。他说，“整个哲学好像一棵大树，树根是形而上学，树干是物理学，从这树干上发出的枝条是各种其他科学，主要分为三门，就是医学、力学和道德学。”①他所谓树根，是指最根本的哲学原理，首先是关于人类认识的原理。

三、笛卡尔的形而上学

笛卡尔要用他的方法找出一条最清楚、最明白的原理，作为他的形而上学的、首先是认识论的出发点。他说，我可以怀疑这，怀疑那，但是我不能怀疑我在怀疑。只要我一怀疑我在怀疑，就正好证实了我在怀疑。我怀疑，就是我思想。这是一清二楚的；哪怕我在做梦，那也确实是在思想。接着他又说，既然我在思想，这个在思想的“我”就不能没有：“我在思想，所以有我”（Cogito, ergo sum）。这就是笛卡尔拿作出发点的原理。

这个命题引起人们很大的兴趣，也带来很多的争辩。因为它牵涉到思维和存在的关系问题，好像是从思维里推出存在来，所以有些学者认为这一推论非常严重，是纯粹主观唯心论的虚构；但是也有一些哲学家，例如康德和罗素，认为实际上这并不是推论。我们可以先看一看它的实际意义，不必急于给它定性。

近代哲学的主要目标是为科学建立基础，所以它拿认识论作为第一任务。认识论的对象就是人的认识。笛卡尔当作出发点的

① Principia philosophiae, Lettre de L'auteur à celui qui a traduit le livre.

那个命题，显然是从认识论的角度提出的。“我在思想”，就是我在认识的意思。而且，他不止是抽象地谈一般思想，所以具体地提出“我在思想”作为认识的确存在的证据。他不提我看见、我听见等等，是强调意识的作用，因为一定要有思想、有意识伴随着，看见的、听到的才能成为我所知道的，才能成为知识。说“我有知识”，只是陈述一件事实，并不涉及思维与存在的关系问题。如果把事实了解为存在的话，那就更与唯心论无关了。

但是笛卡尔接着说了个 ergo（所以），引出另一句话：“有我”。从形式逻辑看，这不是推论，因为思想并不蕴涵存在。但是从另一个角度看，这个 ergo 也还是有意义的：它表示后一个判断是根据前一个判断的。前一个判断肯定了与思想连在一起的“我”，即“思想者”，而且肯定了思想离不开思想者，所以后一个判断肯定这个在思想的“我”。后一个判断并没有扩大前一个判断的内容，它只是强调这个内容中的一部分，肯定认识必有主体。

笛卡尔这个命题是认识论的，因为他声明这个“我”只是个“思想的东西”。有人问他为什么不说“我吃饭”、“我走路”，那是没有注意他在这里只讲认识论，他说的 sum（有我）是认识论命题，是狭义的 esse（存在），不是一般的存在。因此我们不能据此就说这是从思想派生出存在的唯心论。

然而，他不先说认识必有客体，而先说认识必有主体，也的确表现了他有倾向性。不过，他接着还是说了认识必有客体，并没有说认识都是主体独自产生的或杜撰的。心外有物，是笛卡尔的原则。我们不能说笛卡尔哲学同巴克莱的主观唯心论是一样的。

但是他把“我”这个思维者叫做灵魂（anima）或心灵（mens），

认为是一种实体(substantia),即最后的支持者或底子,而且说灵魂比形体更清楚地被我们所认识。这些话就带着浓厚的古代味道,只能使我们看到亚里士多德的影子了。笛卡尔是从旧垒里出来的,尽管力求除旧布新,却在这里那里仍旧带着旧思想的烙印。这类烙印很不少,但毕竟是旧的残余,并不是主导方面。他从经院哲学的形而上学唯心论里往外冲,向唯物论的方向冲,冲出了一多半,但是难免留了根尾巴。

笛卡尔所说的思想,是指精神现象,不仅包括理解,而且包括意愿、想象,甚至包括感觉。这思想不是独立的,而是"我"的属性。他从"我"讲起,但是不止讲"我",他强烈要求读世界这本大书,去研究"我"以外的东西。这"我"以外的东西他虽然还不能直接肯定,但是终于肯定了,为此不惜采取转弯抹角的办法。

笛卡尔认为,我们心里有各种观念,代表着心外的客体。凡是符合客观实际的观念就是真的,不符合的就是假的。观念有三类:第一类,是通过感官获得的,例如日月星辰、山河大地、虫鱼鸟兽的观念;这些观念并不一定都是真的,因为我们的感官变动不居,常常有幻觉。第二类,是通过理性清楚明白地见到的,例如等量加等量其和相等,我在思想所以有我之类;这些观念一定是真的,因为其反面是不可设想的。第三类,是我们幻想出来的,例如金山银岛之类,一定不正确。第一类观念在尚未由理性清楚明白地洞察到它的合理性之前,就可能有假;第三类观念一经理性考察,就立刻看出不合理,肯定虚假。

这种以理性为标准来衡量观念的真假的办法,一般称为"融贯说"。笛卡尔持这种学说,但是他并不认为一切都是观念,或者观念就是一切。他的真理标准本质上还是观念与实际的符合，只是他由于不能直接肯定外物，无法直接加以比较，就只好转一个大弯，借用一个中介。这中介就是他的第二类观念，即清楚明白、毫无矛盾、一望而知的观念。他认定这些观念是必然符合实际的，简直等于实际，用它来衡量一切知识，与它符合的也就等于符合实际。他把这类观念称为与生俱来的"天赋观念"。他想，几何学上的公理就是这种观念，可以构成全部几何学的基础，因此我们也可以找出一些关于本体的公理，用来建立全部哲学。这样，他就滑到先验论、唯心论里去了。

他说我们有一个关于上帝的天赋观念，表象着全知、全能、全善、绝对完满、至高无上的上帝本身。这是一个最完满的观念，但是它属于我们，而我们是不完满的、有缺点的，不可能产生任何比我们自己完满的东西。那么，它只能来自一个心外的绝对完满的本体，即上帝本身。所以上帝必然存在，因为如果不存在，那就不完满了。他这个论证就是关于上帝存在的本体论证明，我们在安瑟尔谟(Anselmus)那里已经见过它，还可以上溯到奥古斯丁(Augustinus)那里。这不是什么新鲜货色，笛卡尔把它直接拿了过来，几乎没有什么修改。

但是笛卡尔请来的这位救急神所起的作用却与经院哲学里不很一样。经院哲学的上帝是至高无上的统治者，是盲目信仰的对象，是否定人的理性和科学的。笛卡尔却相反，他要求发展科学，认识客观世界，但是他肯定心与物是彼此独立的两回事，心灵虽然关心广大的外界，自身却是一个囚徒，不能越雷池一步。在这种情况下，他就乞灵于一根魔杖，用它从心里捅到心外。他的上帝是经过改造的上帝，已经没有什么行奇迹的法力，仅仅在那里执行给科学当保镖的任务。

他引证圣经说，上帝创造一切。这一切既包括我们的心灵，也包括心外的世界。上帝在创造世界的时候，也把世界的原理印在我们的心中。上帝在我们心外，是心与物的共同来源，因此是心与物之间桥梁。上帝是绝对客观的，它绝对不骗人，因此我们的科学是客观的。笛卡尔绕了这么大的圈子，最后又回到科学上。这真是一场神圣的喜剧，但丁(Dante)如果还在世，会发出会心的微笑的！

笛卡尔的上帝好像一位立宪君主，是讲理的，钦定了一部万世不变的宪法，事事照着办，不再出一点新主意。在这样一位君主的治下，法官好当多了，他只要精通法律，就能执法如山，用不着察言观色，揣摩圣意了。这样的法官就是笛卡尔心目中的科学家。他把天意暗中改造成了自然规律，他的上帝的实际意义非常接近客观的自然。这个秘密不久就被他的法嗣斯宾诺莎所揭明：上帝、实体、自然本来是一个意思。

笛卡尔把上帝称为绝对的实体，说它用一个模子，即天意(也可以读作自然规律)，创造了两个相对的实体：灵魂和形体。灵魂的属性是思想，形体的属性是广延。这两个相对实体彼此独立，互不依赖，各行其是，例如灵魂孜孜不倦地研究科学，形体一刻不停地作机械运动，但是它们并非完全不相干，都是严格秉承同一天意的。这就好了，我们有上帝作保证，可以放心研究科学，不必担心犯错误了！理性的认识也就是天意的反映，也就是自然规律的反映。

这就是笛卡尔的理性主义，这就是他的二元论。如果我们不仅仅看表面，认标签，而进一步钻一钻实际内容，追一追发展线索，那就会发现思想的历史是错综复杂的，真中可以有假，假里也可以有真。在笛卡尔的哲学中，也和在全部哲学史中一样，贯穿着唯物主义和唯心主义、辩证方法和形而上学方法的斗争，但是斗争不是表面的、静态的，而是深刻的、动态的。我们要弄清真相，只有用灵活机动的辩证方法和高瞻远瞩的唯物观点才行。

四、笛卡尔的天赋观念

笛卡尔的天赋观念论是他的哲学的理论核心。在他看来，这些“天赋的”观念是绝对真理，有两种作用：可以用来鉴别错误的认识，好像试金石一样；又可以用来使一般的认识成为科学真理，好像点金石一样。后一种作用尤其重要，是科学家的目的。一个科学家要从事观察实验，但是这并不是目的，他的目的是给这些材料说出一个清楚明白的道理来，建立起合理的科学。

建立科学要经过两道手续，首先要通过分析检定材料是否可靠，然后要通过综合把可靠的材料统一成为体系。这分析和综合，笛卡尔认为都要用一种工具来进行，这就是理性所固有的天赋观念。科学研究好比一座严肃的法庭，它要对案情周密调查，然后详加研究，作出正确的判断。法庭的调查和研究都要根据法律进行，法律是法庭所固有的——这是笛卡尔提出天赋观念论的基本思想。

笛卡尔认为这些观念是理性所固有的，不是通过感官得来的。[①] 因为这些观念就像法律一样，具有普遍性和必然性，而感性的观念不是如此，并没有普遍性和必然性，充其量只不过是一个一个的知觉，可以因情况不同而变异，可以有差错，至少是片面性的。因此，他断定感性观念是可疑的。

笛卡尔是为了肯定普遍的法则性而抛弃感性观念的片面性和可疑性，并不是断定感性观念全都虚假。当然，有时候他说的也有点过火，例如“把它们都当作假的看待”之类，但那是为了严格检查，把它们暂时隔离开来，并不是定案。但是有不少学者产生了误解，以为他一概排斥经验，完全排斥感性认识，是个主观唯心论者。笛卡尔并不是这样的人，他是科学家，只是反对专听道听途说、一味相信汇报而已。科学家要求获得普遍必然的真理，这是无可非议的，笛卡尔是这样，培根也是这样。问题仅仅在于怎样获得这种真理。培根强调知识只能来自感性经验，普遍的知识就在个别的知觉之中，因此提出归纳方法，通过整理和排比，把普遍的东西从特殊的东西里面找出来。笛卡尔却认为普遍和特殊有性质上的不同，特殊加上特殊还是特殊，不能成为普遍，必须用一种本身就是普遍的东西贯穿进去，才能去伪存真，把特殊的东西统率为一体，成为普遍。从方法上说，培根用的是描述科学的方法，笛卡尔用的是理论科学的方法。

笛卡尔要求一以贯之，问题在于这个“一”是哪里来的。但是

① Meditationes III：“在这些观念中间，我觉得有一些是我天赋的，有一些是从外面来的，有一些是我制造出来的。”

他说不出来。他举了许多例子，像数学、逻辑的范畴，思维的"我"，绝对完满的上帝之类观念，都是感觉不到的，因此他说它们是天赋的、理性所固有的。这话无异于说，它们本来就在那里。这是没有回答问题的答案，因此笛卡尔同柏拉图一样走进了死胡同。他的天赋观念一提出，就遭到了唯物论者霍布斯和伽桑狄的反驳。[①]

后来洛克对天赋观念论的驳斥最为彻底[②]。他要求为我们的一切观念找出形成的历史，不容许任何观念例外。他指出我们生下来的时候什么观念都没有，心里一干二净，好像一张白纸，一切观念都是通过经验（感觉和反省）描绘到这张白纸上的。例如上帝这个观念不信宗教的人就根本没有，连出生在教徒家庭的人原来也不知道，只是从小就被别人不断地灌输进来的。逻辑和数学的观念也是这样，儿童和愚人都没有，全是人们后来学到的。就连"我"的观念也不例外，儿童咿呀学语的时候并不知道"我"，总是用自己的名字来代替"我"字。人知道"我"是通过反省的结果，反省也是经验。洛克反对认识论上的先验论，理由非常充足。

但是仔细分析可以发现笛卡尔和洛克也并不是完全对立的。笛卡尔认为感官的知觉不能形成普遍的观念，这一点与洛克对立，但是他并不一概反对经验。洛克所说的经验里也包括了笛卡尔所肯定的东西，这就是反省。笛卡尔认为并不是人一生下来就知道自己所固有的那些天赋观念，一定要用理性思考一番才能发现它

① 见 Meditationes de prima philosophia 的附录。

② 见 Locke, An Essay concerning Human Understanding, Bk, I。

们存在。这思考很像柏拉图所说的“回忆”(anamnesis),作用与洛克所说的“反省”也差不多。只是洛克把它同感觉归为一类,笛卡尔却把它说得好像与感觉对立。笛卡尔看到了培根那里的感觉带着被动性,而科学的认识必须是主动的,所以强调理性的决定作用,可是这一强调就使理性孤立化了。洛克看到了孤立化的毛病,才提出同属经验的反省来。有些学者似乎也看出了洛克的反省与笛卡尔的理性有共通处,但是不能从矛盾发展看问题,以为这是洛克的不彻底处。其实这是洛克吸取了笛卡尔的合理因素,设法排除其机械性的缺点。认识的主观能动作用,以后在德国古典哲学中才得到充分发展。笛卡尔和洛克在这个关键性的问题上迈出了可贵的第一步。

但是他们仅仅跨出了第一步。在感性和理性的关系问题上,他们还不能摆脱机械论:笛卡尔把它们机械地对立起来,洛克把它们机械地平列起来。一个见到理性高于感性,一个见到反省异于感觉,两人都没有看出发展关系。这个问题的解决还需要两个世纪。

笛卡尔的天赋观念论有许多明显的毛病,但是不可一概抹煞。它有合理的因素。因为笛卡尔发现科学认识不止是感性材料的机械堆积,它必须有一个扎扎实实的核心作为统帅,把形形色色的材料贯穿起来,统一成为有机的整体。这核心非常重要,没有它就没有科学,材料再多也只是一盘散沙。但是它并不是天上掉下来的,只是由综合、提高一般认识发展出来的。逻辑、数学的范畴看起来虽然非常光鲜,却只是用平常材料加工制造的。人类通过反复实践获得一些基本资料之后,又在实践中精炼、打磨,制成高级观念,作为以后扩大实践的指导，这样，人类的认识才能不断提高，从个别提高到一般，再从比较狭窄的一般提高到更加广阔的一般，永无止境。我们的各种科学就是这一类的高级观念，是全人类的千万年社会实践造成的，大大超出了个人实践的范围。个人置身于社会之中，不知不觉地接受着社会的遗产，拿着它参加现实的社会实践，同大家一道不断地修正和扩大这份遗产，再传给后世。笛卡尔发现这份遗产十分可贵，以为是上帝给的。这上帝其实就是我们的列祖列宗，我们感谢他们的辛勤劳动。

五、笛卡尔的物理学

笛卡尔根据他的形而上学，建立了他对自然的学说。他认为物质性的事物，即形体，同灵魂一样是上帝创造的，它们的规律也同样是上帝给予的神圣规律，我们运用自己的理性，即自然的光明，同样可以认识自然界的真理。他的这些看法尽管披着宗教的外衣，却为科学争取了合法的地位。以往的杰出科学家们遭受宗教裁判所的镇压，现在笛卡尔出来给他们辩护。他抬出神圣不可侵犯的上帝来，宣称上帝的作品自然界也同样神圣，所以研究自然界的科学是不可侵犯的。这种对付宗教反动势力的办法，可说是以子之矛攻子之盾。

这样做要有一个前提，就是先把上帝自然化、理性化。笛卡尔在他的形而上学里已经做好了这件预备工作，所以在物理学里用不着费劲了。他放开手脚大讲那个以广延为属性的相对实体，即形体或物质世界，而把上帝和灵魂抛在一边。马克思和恩格斯在

《神圣家族》里说："**笛卡尔**在其**物理学**中认为**物质**具有独立的创造力，并把**机械**运动看做是物质生命的表现。他把他的**物理学**和他的**形而上学**完全分开。在他的物理学的**范围**内，**物质**是唯一的**实体**，是存在和认识的唯一根据。"①这话非常精确地概括了笛卡尔物理学的特点，表明它就是机械唯物论。他在这个范围内不再讲上帝和灵魂了。

笛卡尔认为在形体世界里，一切形体，包括天体、地球和生物的躯体，都是作机械运动的物质。他甚至非常形象地说，给我物质和运动，我就可以给你构造出世界来。他所说的物质只有一种属性，就是具有长、宽、高三个向量的广延，因此物质的运动只能是广延性的位置移动。他把当时物理研究所采取的观点引进了哲学，像力学那样把一切运动都归结为机械运动，化质为量。

化质为量的想法使我们回忆起古代的原子唯物论，但并不是原子唯物论的直接继续。中间已经隔了漫长的中世纪。中世纪的经院哲学用质来解释一切，遇到无法说明的时候，就信口胡诌一个"隐秘的质"来搪塞，以掩盖自己的无知。近代的科学家们反其道而行之，用清楚明白的量来解释一切。这是当时的先进思想，笛卡尔作为它的光辉创导者之一，起了深远的影响。但这并不是最后的绝对真理，随着物质概念的演进，机械唯物论就要让位于更高级的理论了。

笛卡尔的机械唯物论与古代的原子唯物论有显著的不同。原子论者主张有原子也有虚空，虚空不是原子，原子在虚空中运动。

① 《马克思恩格斯全集》，第 2 卷第 160 页，人民出版社 1957 年版。

这就是承认一个空虚的空间，作为原子运动的场所。牛顿的绝对空间说还保留着这种看法，笛卡尔否定了它。他不承认物质以外的空间，认为同一物质充满宇宙，所谓空间无非就是物质自身的广延。这种把物质和空间统一起来的看法，可以说在机械论上打开了一个缺口。在这个基础上，他猜测到天体是由于物质的涡旋运动形成的，因而产生了发展观的最初萌芽。

笛卡尔认为这充满宇宙的物质是无限可分的，也是永远运动的。所谓静止，只不过是相对于某物而言，例如我们坐在一只行驶的船上，相对于船体来说是静止的，但是相对于两岸说仍然是运动的。他把运动和物质放在一起，然而物质和运动在他眼里并不是一回事；他只能说物质有运动，不能说物质产生运动。运动是哪里来的？还是说不出来。他说，"我觉得很明显，只有上帝以它的全能创造了带着运动和静止的物质。"[①]这话等于说运动是本来就有的，说了等于没有说。在机械方法的支配下，人们不可能回答这个问题，笛卡尔也是一样。

上帝创造世界是一句空话，但是笛卡尔说时还是有他的新意。因为他已经对上帝概念作了改造，在他那里上帝已经不是一个专制君主，可以朝令夕改，而是一个讲道理的东西；它并不是胡乱地创造，而是创造一个有规律的世界，创造以后不但不任意篡改，而且永远协助这个世界严格遵循它的规律运动。上帝创造世界之后，就永远是那么多物质，永远是那么多运动，这运动从物质的这一部分传到那一部分，流转不已，总量却不增不减。这就是科学史

① Principia philosophiae, pars II, 36。

上著名的“动量守恒定律。”后人又在新的条件下把它发展成为“能量守恒和转化定律”。

这几条机械唯物论的原则，在《哲学原理》一书中被应用到物理、天文、地球等方面，对大量具体科学问题进行了研究。他的这些研究在一般哲学史书籍里大概都不细谈，因为人们认为这只是科学史的内容。但是其中都贯彻了笛卡尔的方法论，贯彻了他的哲学思想，如果想深入体会这种方法论的精神实质，读一读《哲学原理》的后三卷还是有益的。他把这些内容写在《哲学原理》里，正是要说明具体科学与哲学方法论的关系。他一贯重视这种关系，早在他最初发表的《谈谈方法》那本只有两万来字的小书里，就加了三个附录：《几何学》、《折光学》、《气象学》，作为使用他的方法的标本，实际上也就是他建立他的哲学时所依据的原料。

在《谈谈方法》的正文里他还举了血液循环论为例，视为新科学的典范。血液循环论是当时的新发现，作者是英国医生哈维(Harvey)，并不是笛卡尔自己，但是他非常欣赏这种理论。过去人们把人和动物的身体看成盛着血液的皮囊，好像水壶一样。哈维经过艰辛的观察和研究，发现血液并不是像人们所想象的那样静止地盛在身体中，而是通过心脏和一定的血管通道不断地循环流动着。心脏的搏动把血液压进肺动脉，使它流入肺脏，然后又通过肺静脉流回心脏，再通过大动脉流到全身，最后又通过大静脉回到心脏。血液在动物活着的时候循环不已，一停止流动动物就死了。笛卡尔认为这正好说明了生命就在于血液的机械运动，血管和心脏的解剖结构使它必然这样循环，就像水泵压水一样，完全合乎机械原理，同几何学一样清楚明白，无可置疑。

这是非常典型的机械论科学。它通过观察实验收集经验材料，然后根据力学原理加以整理，总结成一个可以理解的理论体系。在当时，这样做的确是很令人满意的。这个例子也很具体地消除了我们的一个误解。它使我们看到，在具体的科学研究中，以笛卡尔为代表的理性主义者并没有排斥感性的观察，只是不以单纯的观察为满足，而要拿着一个合理的原则去分析和综合这些经验材料，把它们统一起来，放到适当的位置上组织成系统，从而抓住普遍必然的本质。

但是这样的唯物论确实有局限性。因为动物的身体作为一个形体，虽然遵守着力学规律，但是它不仅是一个形体，而且是一个有机的形体，还要遵守有机化学的、生物化学的、生理学的规律，它的运动大大地不止是机械运动。这是笛卡尔完全不了解的。他自以为找到了生命的本质，其实他连氧化作用都不知道，更不知道红血球的作用，不懂小循环与大循环的关系，怎么能了解血液循环的生理机制呢？我们肯定他的理论，只是肯定它走出了万里长征的第一步。第一步很重要，但是有待于不断的新发展。如果把它绝对化，神圣化，遇到不能解释的新课题时不去进一步深入研究，就急忙地加以否定，斥为“不科学”，甚至要求通令禁止，那就不是维护科学，而是阻碍科学的发展了。因为那样做既违反唯物论，又违反辩证法，倒是符合经院哲学的精神的。

笛卡尔的机械唯物论还向纵深发展，进入生物学领域。他认为无机的自然界是机械的，有机的植物界也是机械的，连动物界都是机械的。禽兽会自己作机械运动，会飞会走，会吃会唱，但这些都是位置移动，所以都是自动的机器。我们对禽兽作力学式的研究，就像研究石头、土块、流水、狂风一样。甚至对人的身体也可以作机械的研究，身体由血、肉、骨头组成，也是一台机器，我们可以解剖它，从而认识它的运动规律，也可以在出现故障的时候修理它，使它恢复健康。

可是人毕竟和禽兽不一样，他会思想，有感情，有意志。笛卡尔认为这些都不是物质的属性，而是属于不朽的灵魂的。活着的人有灵魂住在身体里指挥一切行动，所以不是机器，我们不能用机械规律来解释人的道德、政治、科学、艺术。这是笛卡尔机械唯物论的最后极限。这个最后极限要到一百年之后才被彻底的机械唯物论所打破，拉美特利医生在笛卡尔的启发下进一步研究，宣布人的心灵也是物质的，人也只不过是一台机器。

然而机械唯物论在十八世纪取得全线大捷、奏凯班师之日，也正是它告老归田、走进历史博物馆之时。因为人虽然是物质，不是神，物质却并不是仅仅具有长、宽、高的东西，它是不断发展着的。人和猴子都是动物，人却并不是猴子，而是猴子的发展。笛卡尔把人和猴子机械地对立起来，拉美特利把人和猴子机械地等同起来，都不能说明人的本质。要解决这个问题，必须抛弃约束思想的机械论。机械论曾经保护了青年时期的唯物论，但它已经变成了一层僵硬的皮壳，唯物论只有冲破它，才能从蛹变成色彩缤纷的蝴蝶。

笛卡尔是机械唯物论的创始人，但他不仅有创立它的功绩，也有舍弃它的勋劳。他不像有些人那样只知作茧自缚，而以科学家的实事求是精神自强不息，在机械论碰了钉子的时候开动脑筋另辟途径，向辩证法靠拢。他在数学上的伟大发明解析几何，就是其中光辉的一例。过去，几何和代数是两门科学，几何研究图形，代数研究数，图形和数被认为是两回事。笛卡尔不满意这两门科学孤立研究的抽象性，企图使它们具体化，把它们联系起来。他通过他所设计的坐标系统标示法，以及他对于变数的深入研究，证明几何问题可以归结为代数问题，在求解时可以运用全部代数方法。这是数学史上一个重大的突破。正像恩格斯所说的那样："数学上的转折点是笛卡尔的**变数**。有了变数，**运动**进入了数学，**有了变数，辩证法**进入了数学，**有了变数，微分和积分也就立刻成为必要的了**"。①

六、身心关系

二元论者笛卡尔把灵魂和形体完全分开，但是科学家笛卡尔又不能忍受这种割裂。于是他只有把他的机械论打点折扣，暗暗向唯物论靠拢。他在《哲学原理》第二部第二节中说，"某一种形体是比世界上的其他各种形体更紧密地和我们的灵魂联结在一起的。"这里说的某种形体，就是我们的肉体。他晚年研究人的生理和心理问题，写成他的最后一部著作《论灵魂的感情》，就在两个实体之间寻找联系。

他认为我们是灵魂和形体的联合体，虽然灵魂不是形体，形体也不是灵魂，但是二者联系得如此密切，仿佛灵魂是形体的样式似的。外界的物质事物以它们的运动影响我们的身体器官，使我们

① 恩格斯：《自然辩证法》，第236页，人民出版社1971年版。

的身体发热或者疼痛，产生激动的情绪时，我们的心灵中就形成避开的念头。从二元论看来，这是两个过程，一个在彼岸，一个在此岸，中间隔着一道鸿沟，可是这鸿沟上仿佛有一道桥连接着似的。反过来也是一样，我心里要想做一件事情的时候，这是灵魂中的思想活动和意欲活动，但是我身上的肌肉就伸缩起来，使我的腿迈出去，使我的手举起来干那件事。这道从彼岸到此岸、从此岸到彼岸的无形桥梁，究竟是怎么一回事呢？这就是笛卡尔所要解决的身心交感问题。

为了解决这个问题，笛卡尔试图描述灵魂与形体联结的方式。他从亚里士多德那里借来一个比方，说这就像舵手坐在船上一样：水流触动船舵，船舵通过一系列的机械装置把水流的情况传到舵轮，最后传到把着舵轮的舵手，于是舵手知道了这种情况；舵手经过一番考虑，决定调整航向，他扳动舵轮，舵轮带动传递装置，最后带到了船舵，船就向那个方向转动了。笛卡尔为了说明这个过程，详细研究了人体解剖学和生理学，但都是用机械论作指导的，着眼于血液、神经中的运动，想找出这种运动是怎样传导的。但是这样做还不能说明从形体到灵魂的过渡，他终于一直追索到了大脑，找到了大脑中间一个叫做松果腺的小腺体上，认为这就是关键的所在。他认为这就是舵楼，我们的灵魂就驻守在这个地方。松果腺接受来自身体各个部分的“生精”[1]，把其中所运载的运动转交给灵魂，由灵魂把它变成感情和观念。这是内传的过程，同样也有一

① Les esprits animaux，一个旧医学概念。据说有一种东西，由血液的精华形成，是运动的运载工具。这当然是出于想象的。旧译按字面译为“动物精神”，那是出于误解，因为说的根本不是什么精神，而是一种物质性的东西。

个外传的过程：灵魂在松果腺里把它的观念传达给其中的“生精”，“生精”就带着这些运动往外传，通过神经和血管，传到肌肉里，肌肉就发生收缩和舒张。这松果腺被他说得好像一个总交换台，“生精”就好像电流似的。从现代医学的观点看，笛卡尔这个说法当然是不对的，因为松果腺的作用并不是交换情报，而是制约身体的生长的。当时的科学还不知道内分泌，还没有发现神经中枢，所以笛卡尔闹出了笑话。不过这也没有什么可笑，一个世纪以后的拉美特利医生在这一点上也同样没有弄对。

笛卡尔虽然在医学上弄错了，但是在思想上却开辟了一条新路。因为他这个说法等于否定了二元论，把灵魂物质化了。他要给灵魂找出一个所在地，而任何地点都是有长、宽、高的，按照笛卡尔的说法，也就是物质。灵魂居然能有一个所在地，那不等于说它有广延，因而就是物质吗？要走出二元论的死胡同，这是一条正路。这条路的开辟者就是那死胡同的建立者，可以说解铃人还是系铃人。他在这死胡同里钻了一辈子，钻出无穷无尽的矛盾，深知其中艰苦，终于在晚年亲手捅开了一个透气的窗户。他的学生中间有部分人从这个窗户里吸到新鲜空气，就努力扩大它，终于走到了唯物论。这就是笛卡尔学派中的左翼，其代表人物是勒·鲁瓦(Le Roy)、卡巴尼斯(Cabanis)等人。

走出二元论的绝境是笛卡尔以后哲学家们的共同要求，但是走法可以很不相同。有一些人看中笛卡尔的心物共同来源上帝，要从这一点上突围。斯宾诺莎干的非常出色，他把上帝等同于自然，以泛神论的形式向唯物的一元论迈进。但是马勒布朗士却相反，把上帝说成一切，也就是把物质化为精神，走向唯心的一元论。

还有些人，以荷兰人格林克斯（Geulincx）为首，称为机缘论者（occasionalistes）。他们保留二元论的观点，认为有两个实体，但是在这两个不同的实体之间有一种天然的契合关系。灵魂与形体是天然契合的，并不用哪个影响哪个，好像两个时钟，一个指着十二点时，另一个也指着十二点，并不用哪个推动哪个。这种说法可以说是骑墙派。最后一个是莱布尼茨，他把精神和物质这两个截然不同的实体磨得粉碎，称为单子，认为单子有不同的等级，带有不同程度的意识。这种做法也是把物质精神化了。他说单子与单子之间没有窗户可通，但是有一种预先注定了的和谐，彼此若合符节，宛如铜山西崩，洛钟东应。这就是所谓"前定和谐说"，其中容纳了格林克斯两个时钟的说法，但不是骑墙派，因为它的基础是唯心的单子论。

笛卡尔在经院哲学唯心论走到绝路的时候，提出了他的二元论，这是一条新路。当他的二元论再走上绝路的时候，他又提出了身心交感说，这又是一条新路。新路是在山重水复疑无路的时候提出来的，给人们提供一个可以走的新方向，走下去可以柳暗花明又一村。但是走过了柳暗花明又会遇到新的山重水复，还要找路。路是人走出来的，不走就没有路。

任何道路，包括新开辟的在内，都是曲折的，也都可以有不同的走法。在科学的道路上艰难险阻是正常的。谁都可以摔跤。摔跤并不可怕，爬起来再走。怕只怕躺下不走，或者转过身往回跑。笛卡尔不是那种人，而是不断创新，永不停息的。他以后的人在他开辟的新路上往前走，又各有各的走法。他们有的先进一些，有的保守一些，这也没有什么奇怪。哲学思想的发展是一个社会性的集体活动，总的看来是一步一步前进的，局部的差池只是暂时的，也不失为总的进程中的一个环节，我们正好从其中捕捉历史辩证法的脉搏。

七、尾声

笛卡尔是世界史上的著名人物，但是他只过了普普通通的一生。在他的一生中，并没有什么轰轰烈烈的壮举激荡人心，也没有什么可歌可泣的事迹供人凭吊。他只是把自己的全部精力贡献给了科学。

他不是声名煊赫的神学博士，连教授也没有当过，但是有很多学友，很多门人。他的教学活动和他的研究活动一样，都是私人性质的。他也教过一些有地位的人，例如公主和女王，但不是太师少保，只是个依人篱下的家庭教师而已。他没有莱布尼茨那么富贵，却也不像斯宾诺莎那样贫贱，只是同他们两人一样终生未娶，没有享受过家庭生活的幸福。他生过一个私生女儿，不幸夭亡，使他终生遗憾。

他身体孱弱，精力不旺，只活了五十来岁，勉强算是中寿。但是在这不很长的一生里，他不断地研究和教人，成为传播新思想的一代宗师、人们的良师益友。由于坚持科学研究和传播先进思想，他遭到过落后势力的反对，讲学受到限制，著作列为禁书。但总算应付得还可以，没有进过法庭和监狱，也没有尝过驱逐的滋味，身后还算享到一点哀荣。

这位深刻的思想家有两个突出的特点：敢于除旧，勇于创新。

他为人类作出了一系列可贵的贡献，但是最可贵的是他的求新精神、求实作风。他是普通人，也和所有的人一样，不是完人，有缺点，有矛盾，身上还带着不少旧时代的印记，思想中的矛盾起伏不已。如果挑剔他的毛病，那是相当多的。但是这一切都不足以掩盖这块哲学史上划时代的里程碑。我们应当批判地继承全部文化遗产，但是批判一点也不能离开历史。对待笛卡尔和他的哲学也只能采取这样的科学态度。

王太庆

参考书目

1. Œuvres complètes de Descartes. éd. par Paul & Tannery, 10-vols, Paris, 1897-1910.

2. René Descartes Philosophische Werke. übers. von A. Buchnau, 2 Bde, Leipzig, 1922.

3. The Philosophical Works of Descartes. tr. by E. S. Haldane & C. T. R. Rosse, 2 vols, Cambridge, 1911-1912.

4. Kuno Fischer, Geschichte der neuern Philosophie, Ister Bd, Descartes Leben, Werke und Lehre, Heidelberg, 1897.

5. Norman Kemp Smith, Studies in the Cartesian Philosophy. London & New York, 1902.

6. Norman Kemp Smith, New Studies in the Philosophy of Descartes. London, 1952.

7. Etienne Gilson, Etudes sur le rôle de la pensée médiévalle dans la formation du système cartesien. Paris, 1930.

8. Jean Laporte, Le rationalisme de Descartes. Paris, 1950.

9. Michael Hooker (ed), Critical and Interpretive Essays. Baltimore,

1978.

10. Jonathan Rée, Descartes. London, 1974.

11. Karl Jaspers, Descartes und die Philosophie. Berlin, 1956.

12. F. Engels. Sozialismus von der Utopie zur Wissenschaft.

谈谈正确运用自己的理性在各门学问里寻求真理的方法

目　　录

说明 …… 1
第一部分 …… 3
第二部分 …… 11
第三部分 …… 19
第四部分 …… 26
第五部分 …… 34
第六部分 …… 48

附录一 …… 61
附录二 …… 75
附录三 …… 79
附录四 …… 84

说　明

这篇谈话[①]要是一口气读完嫌太长，可以把它分成六个部分。第一部分，大家可以看到，是一些对于各门学问[②]的看法。第二部分，是作者所寻求的那种方法的几条主要的规则。第三部分，是他从这种方法里引导出来的几项行为守则。第四部分，是他用来证明神[③]

① 作者把这本书的书名题为《谈……》(Discours ...)，不像一般学术论著那样题为《论……》(Traité 或 Dissertatio ...)。这是他有意让一般读者来阅读和评论他的文章，不想落入高头讲章的窠臼。为了这个目的，他宁愿用当时人人能读的口语法语写作，不用文人学士的拉丁文。这个意思他在本书里已经一再表露，如在第 4 页(中译本第 5 页)的第二段，以及第 77—78 页(中译本第 59—60 页)。此外，他还在 1637 年 3 月给 Mersenne 的信里写道："可是我已经很了解您对这个标题的反对意见，因为我并不命名为《方法论》，而名之为《谈谈方法》，这就等于《关于方法的引言或意见》，以表明我并不打算讲授这种方法，只想谈谈它。因为，大家会从我所说的看出，它是实践多于理论，而且我还把以后的几篇论文称为《这种方法的试探》，这是由于我认为如果没有这种方法是发现不了那些论文里包含的东西的。此外我还在第一篇谈话里加进了某些形而上学上、物理学上和医学上的东西，表明这种方法可以用到各种题材上。"作者的这种态度表面上看是谦虚，实质上是以实事求是的作风来反对当时居统治地位的经院哲学的空洞与虚骄。——中译者，下同。

② les sciences，这里指的并不是今天意义的"科学"，而是当时意义的各种知识，既包括数学、几何，也包括历史、传记以及诗词、小说等等。作者是见到当时的知识不可靠，要用他的方法排除其中的虚假成分，从而建立真正的科学。

③ Dieu，基督教的唯一的神，旧教(天主教)称为天主，新教又称上帝。作者借用宗教神学的这一范畴来建立他自己的哲学，略去神之为信仰对象的意义，把它看成绝对的本体，作为一切存在的依据，以及正确认识的基础。

存在、证明人的灵魂①存在的那些理由，也就是他的形而上学②的基础。第五部分，是他研究过的一系列物理学③问题，特别是对于心脏运动以及其他医学方面难题的解释，还有我们的灵魂与禽兽的灵魂的区别。最后一部分，是作者认为一定要做哪些事情才能在自然研究方面比过去前进一步，以及是哪些理由促使他写书。

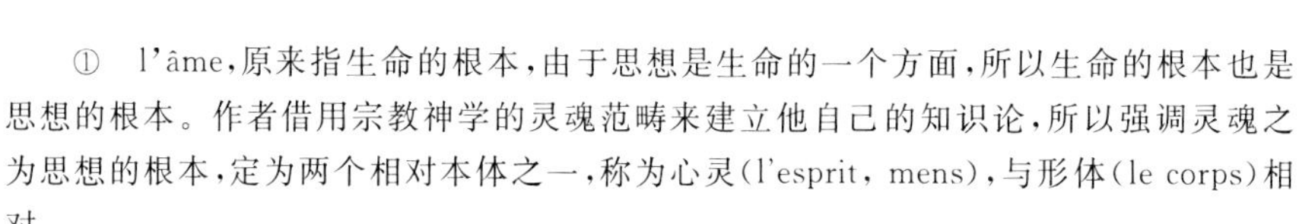

① l'âme，原来指生命的根本，由于思想是生命的一个方面，所以生命的根本也是思想的根本。作者借用宗教神学的灵魂范畴来建立他自己的知识论，所以强调灵魂之为思想的根本，定为两个相对本体之一，称为心灵（l'esprit，mens），与形体（le corps）相对。

② la métaphysique，指哲学中最根本的部分。这个词原来出于亚里士多德的著作 TA META TA ΦΥΣΙΚΑ，即《物理学以后诸篇》，是后人将亚里士多德遗稿中关于根本哲学的篇章编在一起置于《物理学》之后，以后拉丁文译者便用拉丁字母转写这个名称，成为 Metaphysica，中文译为《形而上学》。这部书讨论的是“是者之为是者”（τὸ ὂν ᾗ ὄν），即关于是者的理论。作者继承了亚里士多德的思想，也将他的最根本的哲学称为“形而上学”或“第一哲学”。

③ la physique，指自然科学，如光学、生物学、天文学等，但不是指亚里士多德的“物理学”。亚里士多德的“物理学”是关于自然界（Φύσις）的一般理论，即自然哲学。笛卡尔的自然哲学称为“物质性东西的原理”。

第一部分

良知[①]，是人间分配得最均匀的东西。因为人人都认为自己具有非常充分的良知，就连那些在其他一切方面全都极难满足的人，也从来不会觉得自己的良知不够，要想再多得一点。这一方面，大概不是人人都弄错了，倒正好证明，那种正确判断、辨别真假的能力，也就是我们称为良知或理性的那种东西，本来就是人人均等的；我们的意见之所以分歧，并不是由于有些人的理性多些，有些人的理性少些，而只是由于我们运用思想的途径不同，所考察的对象不是一回事。因为单有聪明才智是不够的，主要在于正确地运用才智。杰出的人才固然能够做出最大的好事，也同样可以做出最大的坏事；行动十分缓慢的人只要始终循着正道前进，就可以比离开正道飞奔的人走在前面很多。

拿我来说，就从来没有以为自己的才智完美，有什么胜于常人的地方。甚至于我还常常希望自己能有跟某些人一样敏锐的思

---

① le bon sens，指一种良好的官能，不同于可以弄错的感觉官能如视、听等。这是一种绝对正确的分辨能力，有如孟子所谓不虑而知的良知，即理性。但是作者此处所用的意义不同于中国人所理解的分辨善恶的能力，而是指分辨真假的能力，即理性的知识论意义而非伦理学意义。此外，这里用的也不是斯多亚派智慧的意思，如《引导心智的规则》中所说的那种 bona mens［良心］。

想，一样清楚分明[①]的想象[②]，一样广博或者一样鲜明的记忆。除了这些以外，我不知道还有什么别的品质可以使才智完美，因为拿理性或良知来说，既然它是唯一使我们成为人、使我们异于禽兽的东西，我很愿意相信它在每个人身上都是不折不扣的，很愿意在这一方面赞成哲学家们[③]的意见，就是：同属[④]的各个个体只是所具有的偶性[⑤]可以或多或少，它们的形式[⑥]或本性并不能多点少点。

不过我可以大胆地说，我觉得自己非常幸运，从年轻的时候起，就摸索到几条门路，从而作出一些考察，得到一些准则，由此形成了一种方法。凭着这种方法，我觉得有办法使我的知识逐步增长，一步一步提高到我的平庸才智和短暂生命所能容许达到的最高水平。因为我已经用这种方法取得了那么多的成果，尽管我对自己的评判一贯从严，总是力求贬抑，不敢自负，尽管我用哲学家[⑦]的眼光看世人从事的各种活动和事业，觉得几乎没有一样不是虚浮无益的，我还是抑制不住对自己认为在寻求真理方面已经取得的那种进展感到极大的满意，觉得前途无量，如果在正派人从事的行业中有一种是确实有益而且重要的，我敢相信那就是我所

---

① net et distinct，指既干净又没有混淆。这是作者心目中的真理标准。net 有时也写作 clair[明白]。

② l'imagination，指心灵的一种能力，根据对象的痕迹形成形象，因此为发明、创造所必需，不是一般所谓胡思乱想的意思。

③ 指当时占统治地位的经院哲学家们。

④ l'espèce，拉丁文作 species，指“种”(genus)下面的“属”。

⑤ l'accident，经院哲学从亚里士多德哲学中继承来的范畴，指一种性质，缺了或加上它并不影响某物之为某物。

⑥ la forme，经院哲学从亚里士多德哲学中继承来的范畴，指一种性质，为某物之为某物所必需。

⑦ 指真正的哲学家，即爱智者。

挑选的那一种。

然而很可能这是我弄错了，也许只捞到点黄铜、玻璃，我却把它当成了金子、钻石。我知道，在牵涉到自己本人的事情上，我们是非常容易弄错的；朋友的评判对我有利的时候，也是非常值得我们怀疑的。不过，我很愿意在这篇谈话里向大家说清楚我走过哪些道路，把我的经历如实地一一描绘出来，使大家都能作出评判，好从群众的议论里听取大家对我的意见。这可以说是我在惯常采用的那些自我教育办法之外添上的一种新办法。

因此，我并不打算在这里教给大家一种方法，以为人人都必须遵循它才能正确运用自己的理性；我只打算告诉大家我自己是怎样运用我的理性的。从事向别人颁布训条的人一定认为自己比别人高明，如果稍有差错就该受到责备。可是这本书里提供的只是一种传记性的东西，也可以说只是一种故事性的东西，其中除了某些可以仿效的例子以外，也许还可以找到许多别的例子大家有理由不必遵循，所以我希望它会对某些人有益而对任何人无害，也希望我的坦率能得到大家的赞许。

我自幼受书本教育。由于听信人家的话，认为读书可以得到明白可靠的知识，懂得一切有益人生的道理，所以我如饥似渴地学习。可是等到学完全部课程，按例毕业，取得学者资格的时候，我的看法就完全改变了。因为我发现自己陷于疑惑和谬误的重重包围，觉得努力求学并没有得到别的好处，只不过越来越发现自己无知。可是我进的是欧洲最著名的学校[①]，如果天下有饱学之士的

① 法国西部安茹省拉弗莱什城的亨利四世公学，一所由国王设立、交耶稣会士办理的贵族学校。笛卡尔于 1604 年入学，1616 年得硕士学位。

话，我想那里就该有。我把这所学校里别人所学的功课全部学完，甚至不以学校讲授的学问为满足，凡是大家认为十分稀奇、十分古怪的学问[①]，只要捞得到讲它的书，我统统读了。此外，我也知道别人对我的评判，我没有见到任何人认为我不如我的同学，虽然他们当中已经有几位被选定为老师的接班人了。最后，我觉得我们这个时代人才辈出，俊杰如云，不亚于以往任何时代，这就使我可以自由地对所有的人作出我自己的判断，认为世界上根本没有一种学说真正可靠，像从前人们让我希望的那样。

尽管如此，我还是重视学校里所受的各种训练。我很明白：学校里教的语言文字[②]，是通晓古书的必要条件；寓言里的机智，可以发聋振聩；史传上的丰功伟业，可以激励人心；精研史册，可以有助于英明善断；遍读好书，有如走访著书的前代高贤，同他们促膝谈心，而且是一种精湛的交谈，古人向我们谈出的只是他们最精粹的思想。我也明白：雄辩优美豪放无与伦比；诗词婉转缠绵动人心弦；数学有十分奥妙的发明，用处很大，既能满足好奇心，又能帮助各种技艺，减轻人们的劳动；宣扬风化的文章包含许多教训、许多箴言，劝人淑世为善；神学指引升天大道；哲学[③]教人煞有介事地无所不谈，博得浅人敬佩；法学、医学等类学问给治学者带来盛名厚利。而且我还明白：博学旁通，连最迷信、最虚妄的东西也不放过，是有好处的，可以知道老底，不上它们的当。

可是我认为自己用在语言文字上的功夫已经够多，诵读古书、

① 指炼金术、占星术、手相术、土占术、通灵术、巫术之类。

② 指古代的希腊文和拉丁文，是该校的基础课，于一年级、二年级、三年级修习。

③ 指当时流行的经院哲学，该校于最后三个学年讲授。

读历史、读寓言花的时间也已经不少。因为同古人交谈有如旅行异域，知道一点殊方异俗是有好处的，可以帮助我们比较恰当地评价本乡的风俗，不至于像没有见过世面的人一样，总是以为违反本乡习惯的事情统统是可笑的、不合理的。可是旅行过久就会对乡土生疏，对古代的事情过分好奇每每会对现代的事情茫然无知。何况寓言使人想入非非，把许多不可能的事情想成可能。就连最忠实的史书，如果不歪曲、不夸张史实以求动听，至少总要略去细枝末节，因而不能尽如原貌；如果以此为榜样亦步亦趋，每每会同传奇[①]里的侠客一样陷于浮夸，想出来的计划每每会无法实现。

我很看重雄辩，并且热爱诗词。可是我认为雄辩和诗词都是才华的产物，而不是研究的成果。一个人只要推理能力极强，极会把自己的思想安排得明白易懂，总是最有办法使别人信服自己的论点的，哪怕他嘴里说的只是粗俗的布列塔尼[②]土话，也从来没有学过修辞学。一个人只要有绝妙的构思，又善于用最佳的辞藻把它表达出来，是无法不成为最伟大的诗人的，哪怕他根本不知道什么诗法。

我特别喜爱数学，因为它的推理确切明了；可是我还看不出它的真正用途，想到它一向只是用于机械技术，心里很惊讶，觉得它的基础这样牢固，这样结实，人们竟没有在它的上面造起崇楼杰阁来。相反地，古代异教学者们写的那些讲风化的文章好比宏伟的宫殿，富丽堂皇，却只是建筑在泥沙上面。他们把美德捧得极高，

① 欧洲十六世纪有著名小说《唐·吉诃德》，给人深刻印象。

② Bretagne，法国西北部一个半岛，与英国隔海相望，居民的方言很难懂。

说得比世上任何东西都可贵;可是他们并不教人认识清楚美德是什么,被他们加上这个美名的往往只是一种残忍,一种傲慢,一种灰心,一种弑上。

我尊敬我们的神学,并且同别人一样要求升天。可是人家十分肯定地说:最无知的人也同最博学的人一样可以进天堂,指引人们升天的天启真理不是我们的智力所能理解的。我听了这些话,就不敢用我的软弱推理去窥测那些真理了。我想一定要有天赐的特殊帮助,而且是个超人,才能从事研究那些真理,得到成就。

关于哲学我只能说一句话:我看到它经过千百年来最杰出的能人钻研,却没有一点不在争论中,因而没有一点不是可疑的,所以我不敢希望自己在哲学上的遭遇比别人好;我考虑到对同一个问题可以有许多不同的看法,都有博学的人支持,而正确的看法却只能有一种,所以我把仅仅貌似真实的看法一律看成大概是虚假的。

至于其他的学问,既然它们的本原①是从哲学②里借来的,我可以肯定,在这样不牢固的基础上绝不可能建筑起什么结实的东西来。这类学问所能提供的名利,是不足以促使我去学习它们的,因为谢天谢地,我并不感到境遇窘迫,要拿学问去牟利,以求改善生活;我虽不像犬儒派③那样自称藐视荣誉,对于那种只能依靠虚

① le principe,原意是“开始”,即希腊哲学的ἀρχή,我国一向译为“原则”或“原理”,是在它的本义“原始”上加了“规则”或“道理”的意思,这里用的不是这个词义。

② 指占统治地位的经院哲学。

③ le cynique,古希腊苏格拉底以后的一个支派,以愤世嫉俗著称。

假的招牌取得的名声我是很不在意的。最后说到那些骗人的学说，我认为已经摸清了它们的老底，再也不会上当受骗，不管它是炼金术士的包票，还是占星术士的预言，是巫师的鬼把戏，还是那些强不知以为知的家伙的装腔作势、空心牛皮。

就是因为这个缘故，一到年龄容许我离开师长的管教，我就完全抛开了书本的研究。我下定决心，除了那种可以在自己心里或者在世界这本大书里找到的学问以外，不再研究别的学问。于是趁年纪还轻的时候就去游历，访问各国的宫廷和军队，与气质不同、身份不同的人交往，搜集各种经验，在碰到的各种局面里考验自己，随时随地用心思考面前的事物，以便从中取得教益。因为在我看来，普通人的推理所包含的真理要比读书人的推理所包含的多得多：普通人是对切身的事情进行推理，如果判断错了，它的结果马上就会来惩罚他；读书人是关在书房里对思辨的道理进行推理，思辨是不产生任何实效的，仅仅在他身上造成一种后果，就是思辨离常识越远，他由此产生的虚荣心大概就越大，因为一定要花费比较多的心思，想出比较多的门道，才能设法把那些道理弄得好像是真理。我总是如饥似渴地要求学会分清真假，以便在行动中心明眼亮，一辈子满怀信心地前进。

的确，我在专门考察别国风俗的阶段，根本没有看到什么使我确信的东西，我发现风俗习惯是五花八门的，简直同我过去所看到的那些哲学家的意见一样。所以我由此得到的最大的好处就是大开眼界，看到有许多风俗尽管我们觉得十分离奇可笑，仍然有另外一些大民族一致赞成采纳，因此我懂得不能一味听从那些成规惯例坚信不疑，这样，我就摆脱了许多错误的看法，免得我们天然的

灵明[1]受到蒙蔽，不能听从理性。可是，我花了几年工夫像这样研究世界这本大书、努力取得若干经验之后，终于下定决心同时也研究我自己，集中精力来选择我应当遵循的道路。这样做，我觉得取得的成就比不出家门、不离书本大多了。

① la lumière naturelle，指良知。

第二部分

我那时在日耳曼，是那场尚未结束的战争[①]把我招引到了那里。我参观皇帝[②]加冕后回到部队的时候，冬天已经到了，只好留在驻地[③]。那里既找不到人聊天解闷，幸好也没有什么牵挂，没有什么情绪使我分心，我成天独自关在一间暖房里，有充分的闲暇跟自己的思想打交道。在那些思想当中，第一个是我注意到：拼凑而成、出于众手的作品，往往没有一手制成的那么完美。我们可以看到，由一位建筑师一手建成的房屋，总是要比七手八脚利用原来作为别用的旧墙设法修补而成的房屋来得整齐漂亮。那些原来只是村落、经过长期发展逐渐变成都会的古城，通常总是很不匀称，不如一位工程师按照自己的设想在一片平地上设计出来的整齐城镇；虽然从单个建筑物看，古城里常常可以找出一些同新城里的一样精美，或者更加精美之处，可是从整个布局看，古城里的房屋横七竖八、大大小小，把街道挤得弯弯曲曲、宽窄不齐，与其说这个局

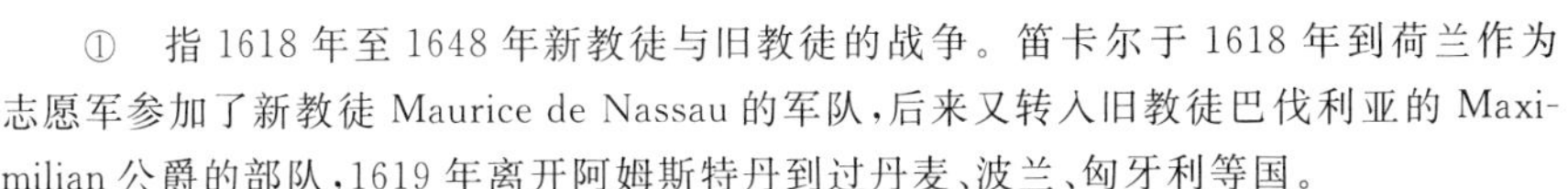

① 指1618年至1648年新教徒与旧教徒的战争。笛卡尔于1618年到荷兰作为志愿军参加了新教徒Maurice de Nassau的军队，后来又转入旧教徒巴伐利亚的Maximilian公爵的部队，1619年离开阿姆斯特丹到过丹麦、波兰、匈牙利等国。

② 指Ferdinand，波希米亚国王（1617年）兼匈牙利国王（1618年），被推选为神圣罗马帝国皇帝，1619年于法兰克福加冕。

③ 指莱茵河畔乌尔姆城郊的一个村子。

面是由运用理性的人的意志造成的,还不如说是听天由命。如果考虑到这一点,那就很容易明白,单靠加工别人的作品是很难做出十分完美的东西的。我也同样想到,有些民族原来处于半野蛮状态,只是逐步进入文明,感到犯罪和争吵造成麻烦,迫不得已才制定了法律,它们的治理程度就比不上那些一结成社会就遵奉某个贤明立法者的法度的民族。由神一手制定清规的真宗教[①],就确实精严无比,胜过其他一切宗教。拿人的事情来说,我认为,斯巴达之所以曾经十分强盛,并不是因为它的每一条法律都好,其中就有许多条非常古怪,甚至违反善良的风俗[②];其所以如此,原因在于它的全部法律是由一个人制定的,[③]是为着同一个目的的。我又想到,书本上的学问,至少那些只说出点貌似真实的道理、却提不出任何证据的学问,既然是多数人的分歧意见逐渐拼凑堆砌而成的,那就不能像一个有良知的人对当前事物自然而然地作出的简单推理那样接近真理。我还想到,既然我们每个人在成年以前都当过儿童,都不能不长期受欲望和教师的支配,教师们的意见又常常是互相抵触的,而且谁的教导都未必总是正确,那么,我们的判断要想一尘不染,十分可靠,就像一生下来就完全运用理性、只受理性指导一样,那是简直不可能的。

我们虽然没有见过谁把全城的房屋统统拆光,只是打算换过样式重建,把街道弄漂亮;可是常常看到许多人把自己的房子拆

① 指基督教。

② 例如斯巴达的宪法规定必须把发育不良的婴儿从山上抛下摔死、赞扬偷窃食物不被逮住的儿童、鼓励狡诈和密探、少女在体育场上裸体活动、公妻。

③ 传说斯巴达的法律是公元前九世纪由 Lycurgue 制定的。

掉，打算重盖，也有时候是因为房子要塌，或者房基不固，不得不拆。以此为例，我相信：个人打算用彻底改变、推翻重建的办法改造国家，确实是妄想；改造各门学问的主体，或者改造学校里讲授各门学问的成规，也是同样办不到的；可是说到我自己一向相信的那些意见，我却没有别的好办法，只有把它们一扫而空，然后才能换上好的，或者把原有的用理性校正后再收回来。我深信，用这种办法做人，得到的成就一定可观，大大超过死守旧有的基础、一味依赖年轻时并未查明是否真实就贸然听信的那些原则。因为我虽然看到这样做有种种困难，那些困难却不是无法克服的，并不像涉及公众的事情那样，哪怕鸡毛蒜皮，改革起来都困难无比。那些大体制推倒了就极难扶起，甚至动摇了就极难摆稳，而且垮下来是十分可怕的。至于它们的毛病，那是有的，单凭它们的分歧就足以肯定它们有毛病，可是习惯确实已经使毛病大大减轻，甚至在不知不觉中使大量毛病得以免除，或者得到改正，我们凭思虑是做不到那么好的。而且，沿用旧体制几乎总是比改换成新体制还要好受些；旧体制好比盘旋山间的老路，走来走去就渐渐平坦好走了，还是照着它走好，不必翻大山过深沟抄直走。

因此，有些人飞扬浮躁，门第不高，家赀不厚，混进了官场，却老想改革政治，我是绝不能赞成他们的。我要是想到这本书里有一点点东西可以令人怀疑我有那么愚蠢，我就会十分懊悔让它出版了。我的打算只不过是力求改造我自己的思想，在完全属于我自己的基地上从事建筑。尽管我对自己的工作相当满意，在这里向大家提出一个样品，这并不表明我有意劝别人学我。那些得天独厚的人也许会有比我高明的打算，可是对于很多人来说，我很担心我这个打算已经太大胆了。单拿下决心把自己过去听信的意见统统抛弃这一点说，就不是人人都应当效法的榜样。世界上的人大致说来只分为两类，都不宜学这个榜样。一类人自以为高明，其实并不那么高明，既不能防止自己下仓促的判断，又没有足够的耐性对每一件事全都有条有理地思想，因此，一旦可以自由地怀疑自己过去接受的原则，脱离大家所走的道路，就永远不能找到他所要走的捷径，一辈子迷惑到底。另一类人则相当讲理，也就是说相当谦虚，因而认定自己分辨真假的能力不如某些别人，可以向那些人学习，既然如此，那就应该满足于听从那些人的意见，不必自己去找更好的了。

至于我自己，如果我一直只有一位老师，或者根本不知道自古以来学者们的意见就是分歧的，那我就毫无疑问属于后一类。可是，我在学生时期就已经知道，我们能够想象得出来的任何一种意见，不管多么离奇古怪，多么难以置信，全都有某个哲学家说过。我在游历期间就已经认识到，与我们的意见针锋相对的人并不因此就全都是蛮子和野人，正好相反，有许多人运用理性的程度与我们相等，或者更高。我还考虑到，同一个人，具有着同样的心灵，自幼生长在法兰西人或日耳曼人当中，就变得大不相同；连衣服的样式也是这样，一种款式十年前时兴过，也许十年后还会时兴，我们现在看起来就觉得古里古怪，非常可笑。由此可见，我们所听信的大都是成规惯例，并不是什么确切的知识；有多数人赞成并不能证明就是什么深奥的真理，因为那种真理多半是一个人发现的，不是众人发现的。所以我挑不出那么一个人我认为他的意见比别人更可取，我感到莫奈何，只好自己来指导自己。

不过，我好像一个在黑暗中独自摸索前进的人似的，下决心慢慢地走，每一样东西都仔细摸它一摸，这样虽然进步不大，至少保得住不摔倒。我甚至于宁愿先付出充分的时间为自己所要从事的工作拟出草案，为认识自己力所能及的一切事物寻找可靠的方法，而不一开始就大刀阔斧把过去未经理性指引潜入我心的一切意见完全抛弃。

我早年在哲学方面学过一点逻辑，在数学方面学过一点几何学分析和代数。这三门学问似乎应当对我的计划有所帮助。可是仔细一看，我发现在逻辑方面，三段论式和大部分其他法则只能用来向别人说明已知的东西，就连鲁洛[①]的《学艺》之类也只能不加判断地谈论大家不知道的东西，并不能求知未知的东西。这门学问虽然确实包含着很多非常正确、非常出色的法则，其中却也混杂着不少有害或者多余的东西，要把这两类东西区别开来，困难的程度不亚于从一块未经雕琢的大理石里取出一尊狄雅娜像或雅典娜像。至于古代人的分析[②]和近代人的代数，都是只研究非常抽象、看来毫无用处的题材的，此外，前者始终局限于考察图形，因而只有把想象力累得疲于奔命才能运用理解力；后者一味拿规则和数字来摆布人，弄得我们只觉得纷乱晦涩、头昏脑涨，得不到什么培养心灵的学问。就是因为这个缘故，我才想到要去寻找另外一种方法，包含这三门学问的长处，而没有它们的短处。我知道，法令多如牛毛，每每执行不力；一个国家立法不多而雷厉风行，倒是道

① Lulle（拉丁文作 Ramon Lullus），1235—1315，加泰罗尼亚（今西班牙境内）的经院哲学家，著有《大学艺》（Ars magna）。

② 指几何学。

不拾遗。所以我相信,用不着制定大量规条构成一部逻辑,单是下列四条,只要我有坚定持久的信心,无论何时何地决不违犯,也就够了。

第一条是:凡是我没有明确地认识到的东西,我绝不把它当成真的接受。也就是说,要小心避免轻率的判断和先入之见,除了清楚分明地呈现在我心里、使我根本无法怀疑的东西以外,不要多放一点别的东西到我的判断里。

第二条是:把我所审查的每一个难题按照可能和必要的程度分成若干部分,以便一一妥为解决。

第三条是:按次序进行我的思考,从最简单、最容易认识的对象开始,一点一点逐步上升,直到认识最复杂的对象;就连那些本来没有先后关系的东西,也给它们设定一个次序。

最后一条是:在任何情况之下,都要尽量全面地考察,尽量普遍地复查,做到确信毫无遗漏。

我看到,几何学家通常总是运用一长串十分简易的推理完成最艰难的证明。这些推理使我想象到,人所能认识到的东西也都是像这样一个连着一个的,只要我们不把假的当成真的接受,并且一贯遵守由此推彼的必然次序,就绝不会有什么东西遥远到根本无法达到,隐蔽到根本发现不了。要从哪些东西开始,我觉得并不很难决定,因为我已经知道,要从最简单、最容易认识的东西开始。我考虑到古今一切寻求科学真理的学者当中只有数学家能够找到一些证明,也就是一些确切明了的推理,于是毫不迟疑地决定就从他们所研讨的这些东西开始,虽然我并不希望由此得到什么别的好处,只希望我的心灵得到熏陶,养成热爱真理、厌恶虚妄的习惯。

但是我并不打算全面研究一切号称数学的特殊学问。我看出这些学问虽然对象不同,却有一致之处,就是全都仅仅研究对象之间的各种关系或比例。所以我还是只从一般的角度研究这些关系为好,不要把它们假定到某种对象上面,除非那种对象能使我们更容易认识它们,更不要把它们限制到某种对象上面,这样,才能把它们同样恰当地应用于其他一切对象。我又注意到,为了认识这些关系,我有时候需要对它们一一分别研究,有时候只要把它们记住,或者放在一起理解。所以我想:为了便于分别研究它们,就该把它们假定为线的关系,因为我发现这是最简单的,最能清楚地呈现在我们的想象和感官面前;另一方面,为了把它们记住或者放在一起研究,就该用一些尽可能短的数字来说明它们;用这个办法[①],我就可以从几何学分析和代数里取来全部优点,而把它们的全部缺点互相纠正了。

实际上,我可以大胆地说,由于严格遵守我所选择的那不多几条规则,我轻而易举地弄清了这两门学问所包括的一切问题,因此在从事研究的两三个月里,我从最简单、最一般的问题开始,所发现的每一个真理都是一条规则,可以用来进一步发现其他真理。这样,我不但解决了许多过去认为十分困难的问题,而且对尚未解决的问题也觉得颇有把握,能够断定可以用什么办法解决,以及可能解决到什么程度。这一点,也许大家不会觉得我太夸口,因为大家会考虑到,一样东西的真理只有一个,谁发现了这个真理,谁就

① 指作者所建立的解析几何。在这以前,数学的两个分支几何和代数是各行其是,互不沟通的:几何以连续的量为对象,代数以不连续的量为对象。笛卡尔利用他的坐标打通了这两个数学部门,把图形和数目结合起来。

在这一点上知道了我们能够知道的一切。比方说，一个学了算术的小孩按照算术规则做完一道加法题之后，就可以确信自己在这道题的和数上发现了人心所能发现的一切。因为说到底，这种方法教人遵照研究对象的本来次序确切地列举它的全部情况，就包含着算术规则之所以可靠的全部条件。

不过这种方法最令我满意的地方还在于我确实感到，我按照这种方法在各方面运用我的理性，虽不敢说做到尽善尽美，至少可以说把我的能力发挥到了最大限度。此外我还感到，由于运用这种方法，我的心灵逐渐养成了过细的习惯，把对象了解得更清楚、更分明了。我没有把这种方法固定到某种对象上，很希望运用它顺利地解决其他各门学问的难题，跟过去解决代数上的难题一样。不过我并没有因此放大胆一开头就去研究所有的一切学问，因为那样做本身就违反这种方法所规定的次序。我考虑到一切学问的本原都应当从哲学里取得，而我在哲学里还没有发现任何确实可靠的本原，所以我想首先应当努力在哲学上把这种本原建立起来；可是这件工作是世界上最重要的事情，又最怕轻率的判断和先入之见，我当时才二十三岁，不够成熟，一定要多等几年，事先多花些时间准备，一面把过去接受的错误意见统统从心里连根拔掉，一面搜集若干经验作为以后推论的材料，并且不断练习我所规划的那种方法，以便逐渐熟练巩固。

第三部分

我们知道，在重建住宅之前，光把旧房拆掉，备上新料，请好建筑师，或者亲自设计，并且仔细绘出图纸，毕竟还是不够的，还应该另外准备一所房子，好在施工期间舒舒服服地住着。所以，当我受到理性的驱使、在判断上持犹疑态度的时候，为了不至于在行动上犹疑不决，为了今后还能十分幸运[①]地活着，我给自己定下了一套临时行为规范，一共只有三四条准则，我愿意把它的内容告诉大家。

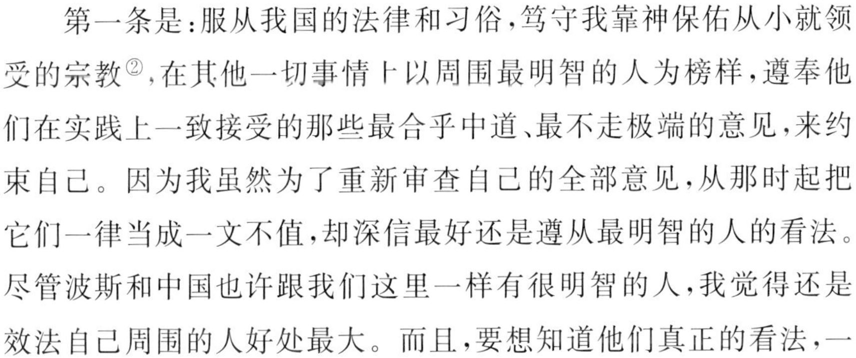

第一条是：服从我国的法律和习俗，笃守我靠神保佑从小就领受的宗教[②]，在其他一切事情卜以周围最明智的人为榜样，遵奉他们在实践上一致接受的那些最合乎中道、最不走极端的意见，来约束自己。因为我虽然为了重新审查自己的全部意见，从那时起把它们一律当成一文不值，却深信最好还是遵从最明智的人的看法。尽管波斯和中国也许跟我们这里一样有很明智的人，我觉得还是效法自己周围的人好处最大。而且，要想知道他们真正的看法，一

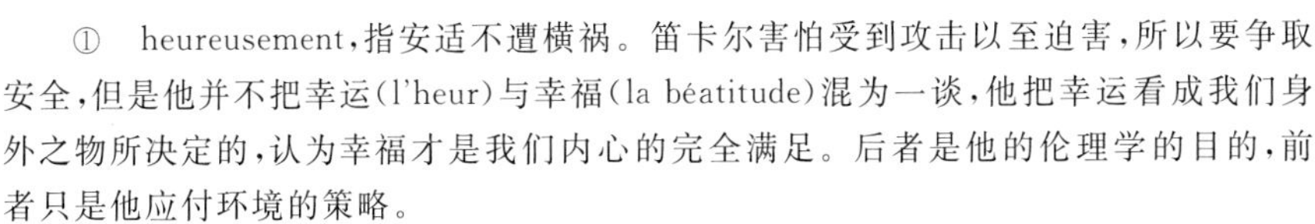

① heureusement，指安适不遭横祸。笛卡尔害怕受到攻击以至迫害，所以要争取安全，但是他并不把幸运（l'heur）与幸福（la béatitude）混为一谈，他把幸运看成我们身外之物所决定的，认为幸福才是我们内心的完全满足。后者是他的伦理学的目的，前者只是他应付环境的策略。

② 罗马天主教。

定要看他们的实际行动,不能光听他们说的话,这不仅是由于世风日下,有不少人不肯全说真心话,也是由于有不少人并不知道自己的真心是什么;因为相信一件事并不等于知道自己相信这件事,这是两种思想活动,常常分道扬镳。在那些有同样多的人接受的看法当中,我总是选择最合乎中道的。这样做,一方面是因为这种看法永远最便于实行,既然偏激通常总是坏的,大概这也就是最好的看法;另一方面也是因为可以在犯错误的时候不致离开正道过远:万一我选择了一极端,应当走的却是另一极端,那就糟了。而且我特别认为属于偏激的是各种限制我们某项自由的诺言。这并不是我不赞成法律允许人们赌咒发誓、订立必须信守不渝的契约,以防止不坚定的人反复无常,保证达到某种正当目的,如保证公平交易之类。正好相反。这只是因为我看到,世界上的一切,特别是我这个人,并不是永远保持原状的。拿我来说,就希望把自己的判断弄得越来越完善,并不希望把它弄糟,如果由于曾经赞成过某件事,后来事情变了样我还只好说它对,我认为那就是犯了违背良知的大错,我要变卦,不认为它对。

我的第二条准则是:在行动上尽可能坚定果断,一旦选定某种看法,哪怕它十分可疑,也毫不动摇地坚决遵循,就像它十分可靠一样。这样做是效法森林里迷路的旅客,他们绝不能胡乱地东走走西撞撞,也不能停在一个地方不动,必须始终朝着一个方向尽可能笔直地前进,尽管这个方向在开始的时候只是偶然选定的,也不要由于细小的理由改变方向,因为这样做即便不能恰好走到目的地,至少最后可以走到一个地方,总比困在树林里面强。为人处世也是这样,我们的行动常常必须当机立断,刻不容缓。有一条非常可靠的真理，就是在无法分辨哪种看法最正确的时候必须遵从或然性最大的看法，即便看不出哪种看法或然性大些也必须选定一种，然后在实践中不再把它看成可疑的，而把它当作最正确、最可靠的看法，因为我们选定这种看法的理由本来就是如此。我明白了这个道理，从那时起就不犯后悔的毛病，不像意志薄弱的人那样反复无常，一遇风吹草动就改变主意，今天当作好事去办的明天就认为很坏。

我的第三条准则是：永远只求克服自己，不求克服命运，只求改变自己的愿望，不求改变世间的秩序。总之，要始终相信：除了我们自己的思想以外，没有一样事情可以完全由我们做主。所以，我们对自身以外的事情尽了全力之后，凡是没有办到的，对于我们来说，就是绝对办不到的事情。我觉得明白了这一点就可以消除痴心妄想，凡是得不到的东西就不要盼望将来把它弄到手；这样也就安分守己、心满意足了。因为我的意志所能要求的，本来只是我的理智认为大致可以办到的事情，如果我们把身外之物一律看成由不得我们自己做主的东西，那么，在平白无故地被削除封邑的时候，就绝不会因为丧失那份应当分封给我这位贵族的采地而懊恼，就像不会因为没有当上中国皇帝或墨西哥国王而懊恼一样；推而广之，生了病也就不会妄想健康，坐了牢也就不会妄想自由，就像不会妄想生成金刚不坏之身、长出高飞远翥的翅膀一样。不过我也承认，一定要经过长期训练，反复思考，才能熟练地从这个角度去看万事万物。我相信，那些古代哲学家[①]之所以能够摆脱命运

① 指古罗马的斯多亚派哲学家。

的干扰，漠视痛苦和贫困，安乐赛过神仙，其秘密主要就在于此。因为他们不断地考察自然给他们划定的界限，终于大彻大悟，确信除了自己的思想之外，没有一样东西可以由他们做主，确信只要认清这一点就可以心无挂碍，不为外物所动；他们对自己的思想作出了绝对的支配，因此也就有理由认为自己又富又强，逍遥安乐，胜过所有的别人，别人不懂这种哲学，不管得到自然和命运多大优待，还是不能支配一切、事事如愿以偿的。

最后，为了结束这个行为规范，我曾经想到检视一下人们这一辈子从事的各行各业，以便挑选出最好的一行。对于别人的行业我不打算说什么话，我认为我最好还是继续自己所从事的那一行，也就是把我的一生用来培养我的理性，按照我所规定的那种方法尽全力增进我对真理的认识。自从使用这种方法以来，我尝到了极大的快乐，觉得人生在世所能得到的快乐没有比这更美妙、更纯洁的了。我凭着这种方法每天发现若干真理，觉得都相当重要，都是别人所不知道的，因此满心欢喜，别的事情全都不放在心上。此外，我建立上述三条准则只有一个目的，就是继续教育我自己。因为神既然已经赐给我们每人一份分辨真假的天然灵明，我觉得自己决不应该有片刻工夫满足于别人的看法，只有打定主意在条件成熟的时候用自己的判断去审查别人的看法；我决不能马马虎虎地跟在别人的看法后面转，只希望自己不放过任何机会尽可能地找出更好的看法。最后，我决不能限制自己的要求，也不能安于现状，只能走那样一条路，我认为照着这条路走下去，凡是我能够得到的知识都一定可以到手，凡是我能够得到的真正的好东西也就一定可以到手。因为我们的意志是不是追求一样东西，只是根据

我们的理智把它看成好的还是坏的;有了正确的判断,就可以有正确的行动,判断得尽可能正确,行动也就尽可能正确,就是说,可以取得一切美德以及其他一切我们能够取得的好东西;知道自己一定可以这样,当然不能不高兴。

我用这三条准则给自己保了险,把它们并列于信仰上的真理,我心中永远占首位的真理。这样做了之后,我认为可以放手把我的其他看法统统抛弃了。我把自己关在那间暖房里得到了这样一些思想,可是为了顺利完成我的清扫工作,我觉得与其在那里闭门长住下去还不如走出来跟人们交往,所以我不等冬天过完又开始游历了。以后整整九年,我只是在世界上转来转去,遇到热闹戏就看一看,只当观众,不当演员。对每一个问题我都仔细思考一番,特别注意其中可以引起怀疑、可以使我们弄错的地方,这样,就把我过去马马虎虎接受的错误一个一个连根拔掉了。我这并不是模仿怀疑论者[①],学他们为怀疑而怀疑,摆出永远犹疑不决的架势。因为事实正好相反,我的整个打算只是使自己得到确信的根据,把沙子和浮土挖掉,为的是找出磐石和硬土。这样做我觉得相当成功,因为我对命题进行审查、揭露其错误或不确之处的时候,用的并不是软弱无力的猜测,而是明白确切的推理;我发现任何一个命题,不管如何可疑,总可以从其中推出一点相当可靠的结论来,哪怕那个命题本身是一点都不可靠的。人们拆除旧房的时候,总是把拆下的旧料保存起来,利用它盖新房。我也是这样办的。我断定自己的某种看法根据不足,把它取消不要的时候,总是从各方面

---

① 古希腊晚期以 Pyrrhon 为首的主张怀疑一切的哲学家。

观察，取得若干经验，这些经验后来都有助于建立更可靠的看法。此外我还继续练习我所制定的那种方法，因为我不仅从一般的方面着手，按照那些规则仔细地运用我的全部思想，而且还随时留下一点时间，从特殊的方面着手，解决了某些数学上的难题，甚至解决了某些其他科学上的难题；我发现那些问题所依据的本原不够牢靠，使它们脱离了那些本原，就把它们弄得几乎跟数学问题差不多了。大家可以在这本书里见到许多实例[①]，说明我是怎样做的。如此看来，我的生活方式表面上跟某些人没有什么两样：不做什么事情，只是愉快地、正派地过着日子，用心把欢乐和邪恶分开；为了不至于闲得无聊，从事着各种正当的娱乐。可是尽管如此，我仍然在执行我的计划，增进我对真理的认识，成绩也许比埋头读书、只跟读书人往来还要大些。

然而，时间已经过了九年，我还没有对学者们争论不休的难题作出任何评判，还没有开始寻求任何比流行学说可靠的哲学原理。过去有许多高明的人曾经打算这样做，我觉得他们并没有成功。这种失败的先例使我想到这件工作困难很多，要不是听到人们传说纷纷，说我已经完成了这件工作，我大概还不敢这样早就去做它。我说不出那种传说的根据是什么，如果与我的言论有几分联系的话，那一定是由于我比一般有点学问的人老实些，有啥说啥，不知道的就说不知道；也可能是由于我举出种种理由说明我为什么对很多别人认为可靠的看法发生怀疑，而并不是由于我吹嘘某种学说。可是我还有点志气，不愿意有名无实，所以我认为自己无

① 作者在本书中附有三篇论文，作为他运用这种方法进行研究的实例。

论如何一定要争口气，不负大家对我的器重。整整八年，我决心避开一切可能遇到熟人的场合，在一个地方[①]隐居下来。那里在连年烽火之后已经建立了良好的秩序，驻军的作用看来仅仅在于保障人们享受和平成果，居民人口众多，积极肯干，对自己的事情非常关心，对别人的事情并不注意。我住在那些人当中可享受到各种便利，不亚于通都大邑，而又可以独自一人，就像住在荒无人烟的大沙漠里一样。

① 荷兰。

第四部分

我不知道该不该跟大家谈谈我在那方面进行的第一批沉思，因为那些沉思实在太玄远、太不通俗了，未必人人都感兴趣。可是，为了使大家能够评判我打下的基础够不够结实，我觉得还是非谈不可。我早就注意到，为了实际行动，有时候需要采纳一些明知很不可靠的看法，把它们当成无可怀疑的看待，这是上面说过的。可是现在我的目的是专门寻求真理，我想做法就完全相反：任何一种看法，只要我能够想象到有一点可疑之处，就应该把它当成绝对虚假的抛掉，看看这样清洗之后我心里是不是还剩下一点东西完全无可怀疑。因此，既然感官有时欺骗我们，我就宁愿认定任何东西都不是感官让我们想象的那个样子。既然有些人推理的时候出错，连最简单的几何学问题都要弄乱，作出似是而非的推论，而我自己也跟别人一样难免弄错，那我就把自己曾经用于证明的那些理由统统抛弃，认为都是假的。最后我还考虑到，我们醒时心里的各种思想在睡着时也照样可以跑到心里来，而那时却没有一样是真的。既然如此，我也就下决心认定：那些曾经跑到我们心里来的东西也统统跟梦里的幻影一样不是真的。可是我马上就注意到：既然我因此宁愿认为一切都是假的，那么，我那样想的时候，那个在想的我就必然应当是个东西。我发现，“我想，所以

我是"[①]这条真理是十分确实、十分可靠的,怀疑派的任何一条最狂妄的假定都不能使它发生动摇,所以我毫不犹豫地予以采纳,作为我所寻求的那种哲学的第一条原理。

然后我仔细研究我是什么,发现我可以设想我没有形体[②],可以设想没有我所在的世界,也没有我立身的地点,却不能因此设想我不是[③]。恰恰相反,正是根据我想怀疑其他事物的真实性这一点,可以十分明显、十分确定地推出我是。另一方面,只要我停止了思想,尽管我想象过的其他一切事物都是真的,我也没有理由相

① Je pense, donc je suis (拉丁译文作 Ego cogito, ergo sum。一般简称为笛卡尔的 cogito),我国旧译为:"我思故我在"。这样译,是把法文的 je suis 理解为"我存在",再把现代汉语的"我存在"换成古代汉语的"我在"。但是这个"在"字读者一般了解为"在场"或"未死"的意思,而作者却将 suis (sum)说成"是个东西"、"是个本体"。因此译文所表达的意思不完全符合作者的原意。

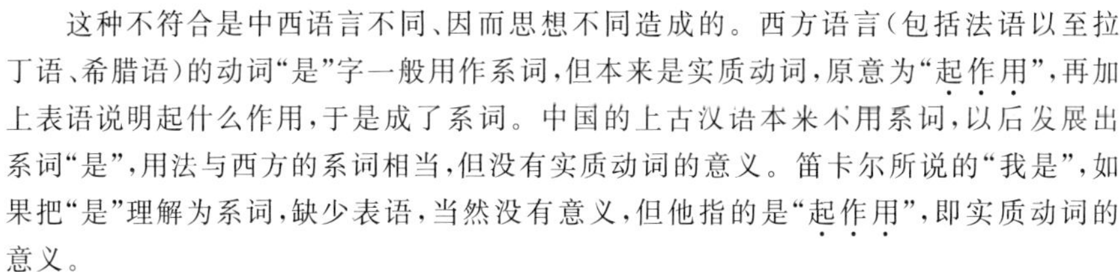

这种不符合是中西语言不同、因而思想不同造成的。西方语言(包括法语以至拉丁语、希腊语)的动词"是"字一般用作系词,但本来是实质动词,原意为"起作用",再加上表语说明起什么作用,于是成了系词。中国的上古汉语本来不用系词,以后发展出系词"是",用法与西方的系词相当,但没有实质动词的意义。笛卡尔所说的"我是",如果把"是"理解为系词,缺少表语,当然没有意义,但他指的是"起作用",即实质动词的意义。

"是"的这个意义在西方哲学上很重要,从巴门尼德起,经过亚里士多德,都讲 τὸ ὄν 这个范畴,笛卡尔讲"我是"正是这个传统的发展。但是在中世纪讨论"神是"问题时,为了生动,将这个根本范畴加以具体化,描述成在时间空间中的"是",即所谓"存在"(existentia)。笛卡尔也继承了这个传统,所以他也说"是或存在"。"存在"是"是"的一种,"是"是"存在"的根本,所以二者相通,但不相等;直到现代,主要的哲学范畴还是"是",如黑格尔就是这样,今天的存在主义者海德格尔和萨特还是这样。因此笛卡尔的"是"不能改为"存在"。

但是现代汉语的"是"字没有"起作用"的意思,需要加以规定,给它加上这个意义。请读者将"我是"的"是"字读重音,示别于可以读轻音的系词"是"。

② le corps,指我的身体。

③ 即我不起作用,没有我。

信我是过。因此我认识了我是一个本体[①],它的全部本质[②]或本性只是思想。它之所以是,并不需要地点,并不依赖任何物质性的东西。所以这个我,这个使我成其为我的灵魂,是与形体完全不同的,甚至比形体容易认识,即使形体并不是,它还仍然是不折不扣的它。

接着我就作一般的考察,看看一个命题必须具备什么条件才是真实可靠的。因为我既然已经发现了一个命题,知道它是可靠的,我想就应当知道它何以可靠。我发现,"我想,所以我是"这个命题之所以使我确信自己说的是真理,无非是由于我十分清楚地见到:必须是,才能想。因此我认为可以一般地规定:凡是我十分清楚、极其分明地理解的,都是真的。不过,要确切指出哪些东西是我们清楚地理解的,我认为多少有点困难。

下了这个结论之后,我接着考虑到,我既然在怀疑,我就不是十分完满的,因为我清清楚楚地见到,认识与怀疑相比是一种更大的完满。因此我想研究一下:我既然想到一样东西比我自己更完满,那么,我的这个思想是从哪里来的呢?我觉得很明显,应当来自某个实际上比我更完满的自然。至于我心里那些关于天、地、光、热之类成千上万个东西的思想,我不用费多大力气就知道它们是从哪里来的,因为我既然看不出它们有什么地方我觉得比我高明,就满可以认为:如果它们是真的,那就是沾了我的本性的光,因

---

① la substance,指为别的东西所依赖的根本,它有属性,属性不能没有它。这个范畴创于亚里士多德,称为 οὐσία,指"是"的根本。拉丁文译为 substantia,原意为底子、撑子。我国旧译为"实体",应补上"根本"的意思。

② l'essence,指一样东西之所是。

为我的本性是有几分完满的；如果它们不是真的，那是由于我凭空捏造，也就是说，它们之在我心里出现是由于我有毛病。可是，在我心里想到一个比我自己更完满的是者[①]的时候，情形就不能是这样了，因为凭空捏造出这个观念显然是不可能的事情。要知道，说比较完满的产生于比较不完满的，说前者沾后者的光，其不通实在不下于说无中生有，所以我是不能凭自己捏造出这个观念的。那就只能说：把这个观念放到我心里来的是一个实际上比我更完满的东西，它本身具有我所能想到的一切完满，也就是说，干脆一句话：它就是神。我还要作一点补充：既然我知道自己缺乏某一些完满，那我就不是单独存在的是者（请原谅，我要在这里放手使用几个经院里的名词），必定要有另外一个更完满的是者作为我的靠山，作为我所具有的一切的来源。因为，如果我本是单独的、不依靠任何别的东西的，因而凭自己具有了我从那个完满的是者分沾到的那一小份，那么，我能够根据同样理由凭自己具有我自知缺乏的其余一切，成为永恒无限、万古不移、全知全能的是者[①]，具有我能够在神身上看到的一切完满了。因为根据我以上的推理，要想发挥我的本性的全部能力去认识神的本性，就不用做什么别的，只需要把我心里所想到的东西统统拿来，看看具有它们是完满呢，还是不完满。我深信：凡是表明不完满的，在神那里都没有，凡是表明完满的，在神那里都有。于是我看到，怀疑不定、反复无常、忧愁苦闷之类事情，神那里都不可能有，因为连我自己都很乐意摆脱它们的。除此以外，我还有一些关于可以感觉到的、有形体的东西的

① l'être，指起作用者，这里指神。

观念，因为我尽管假定自己在做梦，看到的、想象到的都是假的，却不能否认我的思想中确实有这些观念。可是，由于我十分清楚地知道我这里理智本性与形体本性是分立的，同时考虑到合成就是依赖的证据，而依赖显然是一种缺点，我就因此断定：由这两种本性合成绝不是神那里的一种完满，所以神绝非如此；如果世界上有某些形体、某些理智或其他并非十分完满的东西的话，它们之所以是就应当依靠神的力量，离开了神它们就片刻都维持不下去。

我很想马上就来寻求其他的真理。我拿几何学家们的对象来研究，把它看成一个连续体，一个在长、宽、高三方面无限伸张的空间，可以分成不同的部分，这些部分可以有不同的形状和大小，而且可以用各种方式挪动或移置，因为几何学家就是这样设定的。我浏览了几个最简单的证明，注意到它们之所以被人们公认为十分可靠，只是由于按照我们刚刚说过的那条规则，大家都明确地理解了它们。我也注意到，这些证明里面并没有什么东西使我确信它们的对象是存在着的。因为我很清楚地看出，只要设定一个三角形，它的三个角就必定等于两直角，可是我并没有因此看出什么东西使我确信世界上有三角形。然而，我回头再看我心里的一个完满的是者的观念时，却发现这个观念里已经包含了存在，就像三角形的观念包含着它的三个角等于两直角、球形的观念包含着球面任何一点都与球心等距离一样，甚至于还要更明确。由此可见，神这个极完满的是者是或者存在，这个命题至少同几何学上任何一项证明同样可靠。

可是有不少人认为自己很难认识这条真理，甚至很难认识自己的灵魂是什么。这是因为他们鼠目寸光，只看到可以感觉到的东西，养成一种习惯，完全用想象力考虑问题，而想象是一种用于物质性的东西的特殊思想方式，所以凡是不能想象的事情他们就觉得无法理解。这种倾向，在经院哲学家信奉的一条格言里表现得相当明显，他们说：理智[①]中的东西没有一样不曾在感官中。实际上，神的观念和灵魂观念在感官中是根本没有的。我觉得，那些人要想用想象来理解这两个观念，实在无异于要用眼睛来听声音、闻气味；只是还有这样一点区别：视觉同嗅觉或听觉一样使我们相信它的对象是真的，然而我们的想象、我们的感官如果没有理智参与其事，并不能使我们相信任何东西。

最后可能还有些人听了我说的这番话之后对神和灵魂的存在仍然不很信服。我很愿意告诉他们：有许多别的事情他们也许认为十分确实，例如我有一个身体、天上有一些星星、有一个地球之类，其实全都不甚可靠；因为尽管我们对这类事情有一种实际行动上的确信，谁要是敢于怀疑它们至少显得很狂妄，可是问题一涉及形而上学上的确实可靠，情形就不一样了：一个人如果注意到，我们睡着的时候也照样可以想象到这类事情，例如梦见自己有另外一个身体、天上有另外一批星星、有另外一个地球之类，而实际上并不是这样，那么，只要他不是神经错乱，就一定会承认我们有充分理由对那类事情不完全相信了。因为梦中的思想常常是生动鲜明的，并不亚于醒时的思想，我们又怎么知道前者是假的、后者不是假的呢？这个问题，高明的人可以尽量钻研，爱怎么研究就怎么研究。我相信，如果不设定神的存在作为前提，是没有办法说出充

① l'entendement（拉丁文作 intellectus），指理解力，即知性。

分理由来消除这个疑团的。因为首先，就连我刚才当作规则提出的那个命题："凡是我们十分清楚、极其分明地理解的都是真的"，其所以确实可靠，也只是由于神是或存在，神是一个完满的是者，我们心里的一切都是从神那里来的。由此可见，我们的观念或看法，光从清楚分明这一点看，就是实在的、从神那里来的东西，因此就只能是真的。这样看来，如果说我们常常有一些观念包含着虚妄，那就只能是那些混乱模糊的观念，因为它们从不是者[①]分沾了这种成分；也就是说，那些观念在我们心里那样模糊，只是由于我们并不是十分完满的。因为很明显，说虚妄、不完满本身来自神，其不通并不亚于说真理、完满来自不是者。可是，如果不知道自己心里真实的东西是来自一个完满的、无限的是者的，尽管我们的观念清楚分明，我们还是没有理由确信这些观念具有真实这一完满品质的。

我们认识了神和灵魂、从而确定了那条规则之后，就很容易明白，我们睡着时想象出来的那些梦想，绝不能使我们怀疑自己醒时的思想不真。因为即使在睡着的时候也可以出现非常清楚的观念，例如几何学家就可以在梦中发现新的证明，人尽管在做梦，观念并不因此就不是真的；我们梦中最常犯的错误是用外部感官的那种方式表现各式各样的对象，这也不坏，可以引起我们对感性观念的真实性发生怀疑，因为这类观念在我们醒时也常常欺骗我们，例如黄疸病人就觉得什么都是黄的，距离很远的星星或其他形体在我们眼里就显得比实际上小得多。总之，不管醒时睡时，我们都

① le néant（拉丁文作 nihil），指是者的反面。

只能听信自己理性提供的明证。请注意我说的是理性,并不是想象,也不是感官。例如,我们虽然十分清楚地看见太阳,却不能因此断定太阳就像我们看见的那么大;我们可以非常分明地想象到狮子脑袋接在羊身子上,却不能就此推出世界上真有一个四不像[①]。因为理性并没有向我们发出指示,说我们这样看到或想象到的就是真相。可是它却明白地指示我们:我们的一切观念或看法都应当有点真实的基础,因为神是十分完满、十分真实的,绝不可能把毫无真实性的观念放到我们心里来。然而在睡着的时候,我们的想象虽然有时跟醒时一样生动鲜明,甚至更加鲜明,我们的推理却绝没有醒时那么明确,那么完备,所以理性又指示我们:我们的思想不可能全都是真实的,因为我们并不是十分完满的;真实的思想一定要到醒时的思想里去找,不能到梦里去找。

① 希腊神话中想象的怪兽,名叫 chimère,狮头、羊身、龙尾、吐火。

第五部分

我从上面那些基本原理推出了整整一系列其他的真理，很乐意在这里从头到尾说给大家听听。可是要这样做现在就需要谈许多问题，那些问题学者们还在争论，我又不想跟他们纠缠，所以我想最好还是不那么做，只是大致说一说那些真理是怎么一回事，让高明的人看看有没有必要给大家细讲。我一直坚持自己已经下定的那个决心，除了刚才用来证明神和灵魂存在的那一条原理以外绝不设定任何原理，任何一种看法，只要我觉得它清楚可靠的程度比不上几何学家已往的证明，就绝不把它当作真的接受；可是我敢大胆地说，我不仅找到窍门在很短的时间内满意地弄清了哲学上经常讨论的一切主要难题，而且摸出了若干规律，它们是由神牢牢地树立在自然界的，神又把它们的概念深深地印在我们的灵魂里面。所以我们经过充分反省之后就会毫不犹疑地相信，世界上的万事万物无不严格遵守这些规律。我再进一步观察，看到这些规律是联成一气的，因此我认为自己已经发现了许多非常有用、非常重要的真理，胜过我从前学过的一切，甚至超过我从前希望学到的一切。

我写过一部论著[①]，试图说明这些真理的主要部分，由于某种

① 书名《论世界，或论光》，作者生前没有发表，1664年才由Clerselier编辑出版，

顾虑[①]，没有把它发表；大家不知道那部书讲的是什么内容，所以我只好在这里给它作一个内容提要。那部书的论述对象是各种物质性的东西的本性。我在动手写它之前，曾经打算把这一方面我认为知道的东西统统写进去。然而，画家是不能在一个平面上把立体的各方面同等地表现出来的，只有从其中选择一个主要方面正对着光线，把其他的方面都放在背阴处，使人们看正面的时候可以附带看到侧面。同样情形，我的论述里也无法包罗我的全部思想，所以我只用较大的篇幅表达我对光的理解，然后附带讲一讲太阳和恒星，因为光几乎全部是从那里发出来的；再讲一讲天宇，因为它是传导光的；再讲一讲行星、彗星和地球，因为它们是反射光的；再专门讲一讲地球上的各种物体，因为它们有的是有色的，有的是透明的，有的是发光的；最后讲一讲人，因为他是这些东西的观察者。为了把这一切往背阴的那边挪挪，以便比较自由地说出我自己的判断，而不必对学者们所接受的看法表示赞成或反对，我甚至于决定抛开我们这个世界，也就是说，假定现在神在想象的空间里某个地方创造出一团物质，足够构成这个世界，再把这团物质的各部分乱七八糟地搅和在一起，混淆得跟诗人所能设想的一样，然后不再做别的事情，只是向自然界提供通常的协助[②]，

现在编入 Paul 和 Tannery 编的《笛卡尔集》第十一卷中。这部书的主要论点是发挥哥白尼的地球运动说。

① 当时的罗马教会镇压主张地球运动的人，1600 年烧死了布鲁诺，1633 年又将伽利略逮捕。作者害怕自己因发表这一学说而遭迫害。

② 经院哲学认为神创造了世界之后就给予它两种协助，一种是“通常的协助”，即让自然界遵照神所创立的规律活动，以维持世界不返回创世前的乌有状态，保持不灭；另一种是“非常的协助”，即以奇迹代替自然规律，干预自然进程。笛卡尔在这里是借用经院哲学的说法为他自己的学说服务。

让它遵照他所建立的规律活动，看看会发生什么事情。于是我就首先描述这个物质，力求说明：除了刚才说过的神和灵魂的本性以外，世界上的任何东西，在我看来都没有物质的本性那样清楚，那样容易了解。因为我甚至明确地设定：物质里并没有经院学者们所争论那些“形式”或“性质”，[①]其中的一切都是我们的灵魂本来就认识的，谁也不能假装不知道。然后我就说明有哪些自然规律，我并不依靠任何别的原理，只是根据神的无限完满进行推理，力求对那些可以置疑的规律作出证明，说明它们的确是自然规律，即便神创造了许多世界，也没有一个世界不遵守它们。接着我又证明，这团混沌中的绝大部分物质必定按照这些规律以一定的方式自行安排调整，形成与我们的天宇相似的东西，它的某些部分则构成一个地球、若干行星和彗星，另一些部分则构成一个太阳、若干恒星。在这个地方我进而讨论光这个主题，用很大的篇幅说明光是什么，以及它如何必定在太阳和恒星里出现，又从那里出发在一瞬间穿过天宇中的广大空间，并且从行星和彗星上向地球反射。我又作了许多补充，说明那些天宇和星球的质地、位置、运动和各种性质，我想说了这些就足可以表明我们这个世界上的天宇和星球也应当跟我所描述的那个世界上的一模一样，至少可以一样。往下我就特别讲一讲地球，具体地说明：虽然我已经明确设定神并没有把重量放进构成地球的物质，地球上的各部分仍然丝毫不差地引向地心；地面上既然有水和空气，那么，天宇和星辰的构造，主要是月球

① 经院哲学用所谓“本体的形式”、“实在的性质”来说明形体的活动，笛卡尔以为无此必要，用物质的伸张和运动就能说明。

的构造，就不能不在那里引起潮汐，在各方面都跟我们在海里见到的一样，此外还引起一种洋流和气流，从东到西，跟我们在热带地方见到的一样；何以山脉、海洋、泉水、河流能在地球上自然形成，矿物能在那里的矿山上产生，植物能在那里的原野上长出，各式各样的所谓混合物或组合物能在那里造成。由于我发现除了星球之外世界上只有火产生光，所以我撇开其他现象专门下工夫详细说明那些与火有关的事情，指出火是怎么产生的，怎么维持的，何以有时候有热无光，有时候有光无热；它何以能够在不同的物体上引出不同的颜色以及不同的其他性质；它何以把某些东西烧化，把另一些东西烧硬；它何以能烧掉几乎所有的东西，把它们烧成灰和烟；以及它如何能单凭猛烧把那些灰烬烧成玻璃。这种从灰烬到玻璃的转化我觉得跟自然界发生的其他各种转化一样奇妙，所以我特别乐意描述它。

尽管这样，我还不想就此得出结论说：这个世界就是照我说的那种方式创造出来的，因为也很可能神当初一下就把它弄成了定型。可是确确实实，神学家们也一致公认，神现在保持世界的行动就是他当初创造世界的那个行动。既然如此，即便神当初给予世界的形式只是混沌一团，只要神建立了自然规律，向世界提供协助，使它照常活动，我们还是满可以相信：单凭这一点，各种纯粹物质性的东西是能够逐渐变成我们现在看到的这个样子的，这跟创世奇迹并不冲突；而且，把它们看成以这种方式逐渐形成，要比看成一次定型更容易掌握它们的本性。

描述了无生命的物体和植物之后，我就进而描述动物，特别是人。[①]可是我这方面的知识不够，不能用上面那种格式来讲，也就是说，不能用原因来证明结果，说不出自然界是用什么种子、以什么方式产生出这类东西的。所以我姑且假定神造了一个人的身体[②]，不论在肢体的外形上，还是在器官的内部构造上，都跟我们每个人的完全一样，采用的材料就是我所描述的那种物质，一开头并没有放进一个理性灵魂，也没有放进什么别的东西代替生长灵魂或感觉灵魂[③]，只不过在他的心脏里点了一把上面说过的那种无光之火；这种火的本性，我想同那些使湿草堆发热、使葡萄酿成新酒的火是一样的。因为点着那把火之后那个身体里就可以产生各种机能。我仔细检查，发现只要我们不思想，因而不触动灵魂这个与形体分立的部分（上面已经说过，灵魂的本性只是思想），我们身上所能产生的也就恰恰是那些机能，这一方面可以说无理性的动物跟我们是一样的，可是我却不能因此在那个身体里找到什么依靠思想的、纯粹属于我们的机能；后来我假定神创造了一个理性灵魂，用我描述的那种特定的方式把它结合到那个身体上，我就在其中发现这类机能了。

为了使大家明白我在那部书里是怎样讨论这个问题的，我要在这里说明一下心脏和动脉的运动，因为这是动物身上可以观察到的最基本、最一般的运动，知道了它就很容易知道对其他各种运动应当怎样看。为了使大家比较容易了解我的说明，我要请不熟

① 指作者所写的《论人以及胚胎的形成》。

② 即作为人的身体的形体。

③ 把灵魂分为理性灵魂和生长灵魂（即感觉灵魂）是亚里士多德的分法，也为经院哲学所采纳，笛卡尔在这里采用了经院中的名词。

悉解剖的人费点力气，在读我的说明之前先切开一个有肺大动物的心脏放在面前（因为它的各部分都很像人的心脏），看看其中的两个心舍或心腔[①]：先看右边的一个，有两根粗管子连在上面，一根是腔静脉[②]，这是主要的贮血器，好像树干，体内其他静脉都是它的分支；另一根是动静脉[③]，这个名字取得不好，因为他实际上是一根动脉，以心脏为出发点，然后形成许多分支，布满两肺。再看左边一个心腔，也同样有两根管子连着，跟上面说的两根同样粗，或者更粗，一根是静动脉[④]，这个名字也取得不好，因为它只是一根静脉，来自两肺，在肺里有许多分支，跟动静脉的分支交织在一起，又跟气管的分支交织在一起，空气是通过气管吸进来的；另外一根管子是大动脉，从心脏通出去，把分支通到全身各处。我还要请大家看一看十一片小皮膜，好像十一座小门，管着这两个心腔上四个口子的启闭：三片在腔静脉的入口，装配得完全不妨碍其中的血液流入右腔，却正好使血液不能从心脏往外流；三片在动静脉的入口，装配得正好相反，只容许右腔里的血液流到肺里，不容许肺里的血液往回流；另外两片在静动脉的入口，许可血液从肺里往左腔流，不许它往回倒；还有三片在大动脉的入口，容许血液从心脏流出，不许它往心脏回流。这些皮膜的数目也很自然，用不着再找什么别的理由来解释，因为静动脉位置特殊，口子是椭圆的，两片就能闭拢。另外三个口子是圆的，要有三片才能闭拢。此外我

① 旧解剖学名词，指今天所谓心房和心室合在一起。

② 即大静脉。

③ vena arteriosa，今名 arteria pulmonalis（肺静脉）。

④ arteria venosa，今名 vena pulmonalis（肺动脉）。

还要请大家注意,大动脉和动静脉的组织要比静动脉和腔静脉坚硬得多、结实得多,静动脉和腔静脉进入心脏前扩大成两个囊形,称为心耳,是跟心脏一样的肌肉构成的;心脏里的温度总是高于身体的任何部分;这种温度可以使流入心脏的血滴立刻膨胀扩张,就像我们把各种液体滴入高温容器时通常见到的那样。

注意到这几点之后,我就用不着说出什么别的理由来解释心脏的运动了。要知道,那两个心腔没有充满血液的时候,血液必然要从腔静脉流入右腔,从静动脉流入左腔,因为这两条血管是经常充满血液的,这时它们朝心脏开的口子又闭不住;可是一流进两滴血,一个心腔一滴,由于进口开得很大,后面的血管又充满血液,血滴必然很大,遇到高温就立刻变稀膨胀,这样一来,就把整个心脏撑大,把那两条血管入口上的五扇小门推得闭拢,堵死了来路,心脏里的血液就不再增多;这两滴血继续稀化,越变越稀,就把另外两条血管口上的六扇小门推开,打通了去路,这样一来,就几乎在撑大心脏的同时把动静脉和大动脉的一切分支全都撑大了;然后心脏就立刻收缩,这两条动脉也跟着收缩,因为流进来的血液在那里冷却了,于是那里的六扇小门重新闭拢,腔静脉和静动脉上的五扇小门重新打开,放进另外两滴血,这两滴血又把心脏和动脉撑大,跟前两滴完全一样;由于流入心脏的血液先经过那两个称为心耳的囊,所以心耳的运动是与心脏的运动正好相反的,心脏舒张的时候心耳就收缩。由于有一些人不明白数学证明的力量,不善于判别真正的推理和似是而非的推理,很可能不作调查研究就贸然否定以上的说法,我愿意提醒他们:我刚才说明的心脏运动,是由那种可以用眼睛在心脏里看到的器官结构必然引起的,是由那种

可以用手指在心脏里摸到的温度必然引起的，是由那种可以凭经验认识到的血液本性必然引起的，正如时钟的运动是由钟摆和齿轮的力量、位置、形状必然引起的一样。

如果有人问：静脉里的血液既然继续不断地流入心脏，怎么不会流干？既然血液通过心脏都流进了动脉，动脉怎么不会灌满？我对这个问题的答复，无非就是一位英国医生[①]已经写过的那些。他应当受到表扬，因为他在这方面打破了闷葫芦，第一个告诉我们：在动脉的末梢上有许多细微的通道，经过这些通道，从心脏流来的血液就进入静脉的毛细分支，再重新流向心脏，它的行程只是一个永远不停的循环。所以说，他用外科医生的通常经验作了非常充分的证明：外科医生切开臂部静脉放血的时候，如果在切口上方把手臂不松不紧地捆住，血液就出得比不捆多；如果捆在切口下方靠手一边，或者在上方捆得太紧，情况就完全相反。因为很明显，在上方不紧不松地捆住可以阻止手臂里已有的血液通过静脉回到心脏，并不妨碍血液通过动脉不断地从心脏回到手臂，这是因为动脉的位置在静脉底下，管壁又比较硬，不容易压扁，从心脏向手臂流的动脉血力量又大于从手臂流回心脏的静脉血；这血既然通过一根静脉上的切口从手臂里往外流，那就必定有一些通道位于捆扎处的下方，也就是说，靠近手臂的末端，血液可以从动脉通过那些通道来到切口。他还对他的血液流程学说作了一个非常充分的说明，根据是：有好些细小的皮膜沿着静脉装配在不同的地

① 指威廉·哈维(William Harvey，1578—1657)，他根据实验发现人并不只是革囊盛血，而是血液通过心脏不断循环的。

点，使静脉中的血液不能从身体的中枢往末端流，只能从末端流回心脏；此外还有一个实验表明，身体里的全部血液，只要切开一根动脉，就会在很短的时间内流光，虽然这根动脉是在离心脏很近处紧紧结扎住的，切口在心脏与结扎点之间，使我们不至于想象到流出的血液是从别处来的。

可是还有许多别的情况证明，血液运动的真正原因是我所说的那一种。首先，我们看到静脉血与动脉血有差别，这只能是由于血液经过心脏变稀了，可以说汽化了，它刚流出心脏不久、处在动脉里的时候，与它进入心脏以前不久、处在静脉里的时候相比，要更精细、更活跃、更热；而且，如果仔细观察，还可以发现这种差别只是在靠近心脏的地方表现得很显著，在离开心脏很远的地方就不那么显著了。其次，动静脉和大动脉的管壁很硬，这就充分表明，血液对这两条血管的冲击要比对静脉的冲击更有力；心脏左腔和大动脉之所以比右腔和静动脉宽大，只是由于静动脉里的血液通过心脏后仅仅在肺里待过，要比刚从腔静脉里的血液更精细，稀化得更厉害、更迅速。医生之所以能够切脉诊断，只是由于他知道，血液的性质改变了，心脏温度使血液稀化的强度和速度就会发生变化。如果我们研究心脏的温度是怎样传到其他肢体上去的，那就必须承认这是凭借血液，血液经过心脏变热，再从那里带着温度流到全身；因此，如果把身体上某个部分的血弄掉，那个部分也就变凉了；心脏尽管烫得像一块烧红的铁，如果不把新的血液不断输送到手脚上去，还是不足以使手脚变热的。我们又由此认识到，呼吸的真正用途就在于往肺里运送足够的新鲜空气，血液在心脏里已经稀化成为蒸汽，从右腔进入两肺，遇到空气就浓缩起来，重

新变成血液，然后回到左腔，这样才能给那里的火当燃料。[①] 这是很可靠的，因为我们看到，没有肺的动物心脏就只有一个腔；胎儿在母腹中不能用肺，腔静脉的血液就通过一个口子流入左心腔，又从动静脉通过一根管子流入大动脉，并不经过肺。此外，消化之所以能在胃里进行，只是由于心脏通过动脉把温度输送到胃里，同时还送去一些流动性较大的血液分子，帮助分解吃进的肉食。如果考虑到血液反复经过心脏化为蒸汽每天大约不下一二百次，那就很容易了解那种使肉食浆汁转化为血液的作用了。我们也不用举出什么别的情况来说明营养是怎么一回事，各种不同的体液是怎样产生的，只需要说：血液稀化时带着一股力量，从心脏向动脉的末梢推进，在达到各个器官的时候，血液中的某些分子就在那里停留下来，把器官中的一些分子赶跑，取而代之；由于遇到的孔隙位置不同、形状不同、大小不同，所以有一些血液分子钻得进，有一些钻不进去，就像一些型号不同的筛子，打着各式各样的眼，可以把不同种类的谷粒分开一样。最后是这一切中间最值得注意的一种现象，即元气[②]的产生：元气好像一股非常精细的风，更像一团非常纯净、非常活跃的火，不断地、大量地从心脏向大脑上升，从大脑通过神经钻进肌肉，使一切肢体运动；这就用不着再设想什么别的原因来说明，为什么那些最灵活、最敏锐的血液分子最适宜于构成

---

① 笛卡尔的时代还不知道燃烧是由于氧化，这要等到他以后的拉瓦锡（Lavoisier，1743—1794）才发现。

② les esprits animaux，直译可作“生命的精髓”，是经院哲学的一种虚构。笛卡尔借用这个名词表示一种血液的精华，是物质性的，但这个设想也从未得到证实。这个名词我国旧译为“动物精神”，是误以为 esprit 指精神，其实这个字的拉丁文原形 spiritus 是指物质性的风或酒精之类。

元气，只往大脑里钻，不往别处去，这只是因为从心脏输送它们到大脑去的动脉是最直的，只是因为按照机械学的规律(自然界的规律也是一样)，如果有好多东西同时往一处挤，那里又没有足够的地方把它们都容下(那些血液分子从左心腔往大脑挤的情况就是这样)，有力的就必定把软弱的、不灵活的挤到一边，独占鳌头。

我在曾经打算发表的那部论著里对这一切作了相当详细的说明。接着我又在那部书里指出：人身上的神经和肌肉一定要构造成什么样子，其中的元气才能够使肢体运动，就像我们见到的那样，脑袋砍下之后不久，尽管已经不是活的，还在动来动去，乱啃地皮；大脑里一定要发生什么样的变化，才能使人清醒、睡眠和做梦；光亮、声音、香气、滋味、温度以及属于外界对象的性质，怎样能够通过感官在大脑里印上各种不同的观念；饥渴等等内心感受又怎样能够把它们的观念送进大脑；通觉[①]怎样接纳这些观念，记忆怎样保存这些观念，幻想怎样能够把这些观念改头换面、张冠李戴拼凑成新的观念，并且用这样的办法把元气布置在肌肉里，使这个身体上的肢体做出各式各样的动作，既有关于感官对象方面的，也有关于内心感受方面的，就像我们的肢体那样，没有意志指挥也能动作。在我们看来这是一点都不奇怪的，我们知道人的技巧可以做出各式各样的自动机，即自己动作的机器，用的只是几个零件，与动物身上的大量骨骼、肌肉、神经、动脉、静脉等等相比，实在很少很少，所以我们把这个身体看成一台神造的机器，[②]安排得十分巧

① snes commun (拉丁文作 sensus communis)，经院哲学用语，指一种感性的综合官能，或感性意识。不可误解为“常识”。

② 可以参考同代人拉美特利(1709—1751)在《人是机器》中的说法。

妙，做出的动作十分惊人，人所能发明的任何机器都不能与它相比。讲到了这里，我又特意停下来指出：如果有那么一些机器，其部件的外形跟猴子或某种无理性动物一模一样，我们是根本无法知道它们的本性与这些动物有什么不同的；可是如果有一些机器跟我们的身体一模一样，并且尽可能不走样地模仿着我们的动作，我们还是有两条非常可靠的标准，可以用来判明它们并不因此就是真正的人。第一条是：它们绝不能像我们这样使用语言，或者使用其他由语言构成的讯号，向别人表达自己的思想。因为我们完全可以设想一台机器，构造得能够吐出几个字来，甚至能够吐出某些字来回答我们扳动它的某些部件的身体动作，例如在某处一按它就说出我们要它说的要求，在另一处一按它就喊痛之类，可是它绝不能把这些字排成别的样式适当地回答人家向它说的意思，而这是最愚蠢的人都能办到的。第二条是：那些机器虽然可以做许多事情，做得跟我们每个人一样好，甚至更好，却绝不能做别的事情。从这一点可以看出，它们的活动所依靠的并不是认识，而只是它们的部件结构；因为理性是万能的工具，可以用于一切场合，那些部件则不然，一种特殊结构只能做一种特殊动作。由此可见，一台机器实际上绝不可能有那么多的部件使它在生活上的各种场合全都应付裕如，跟我们依靠理性行事一样。而且，依靠这两条标准我们还可以认识人跟禽兽的区别。因为我们不能不密切注意到：人不管多么鲁钝、多么愚笨，连白痴也不例外，总能把不同的字眼排在一起编成一些话，用来向别人表达自己的思想；可是其他的动物相反，不管多么完满，多么得天独厚，全都不能这样做。这并不是由于它们缺少器官，因为我们知道，八哥和鹦鹉都能像我们这样

吐字，却不能像我们这样说话，也就是说，不能证明它们说的是心里的意思；可是先天聋哑的人则不然，他们缺少跟别人说话的器官，在这一点上跟禽兽一样，甚至不如禽兽，却总是自己创造出一些手势把心里的意思传达给那些跟他们常在一起并且有空学习他们这种语言的人。这就证明禽兽并非只是理性不如人，而是根本没有理性，因为学会说话是用不着多少理性的；我们虽然看到那些同种的动物也跟人一样彼此能力不齐，有比较容易训练的，有比较笨的，可是最完满的猴子或鹦鹉在学话方面却比不上最笨的小孩，连精神失常的小孩都比不上；如果不是动物的灵魂在本性上跟我们完全不同，这是无法想象的。我们绝不能把语言与表现感情的自然动作混为一谈，那些动作动物是可以模仿的，机器也同样可以模仿；我们也不能像某些古人那样，认为禽兽也有语言，只是我们听不懂。因为如果真是这样，禽兽既然有许多器官跟我们相似，它们就能够向我们表达思想，如同向它们的同类表达一样了。还有一件事非常值得注意，这就是：虽然有许多动物在它们的某些活动上表现得比我们灵巧，可是我们看到，尽管如此，这些动物在许多别的事情上却并不灵巧：它们做得比我们好并不证明它们有心思；因为它们假如有就会比我们任何人都强，就会在一切其他事情上做得都好；可是它们并没有心思，是它们身上器官装配的本性起的作用：正如我们看到一架时钟由齿轮和发条组成，就能指示钟点、衡量时间，做得比我们这些非常审慎的人还要准确。

这以后我还描述了理性灵魂，表明它绝不能来自物质的力量，跟我所说的其他事情一样，正好相反，它显然应当是神创造出来的；我们不能光说它住在人的身体里面，就像舵手住在船上似的，否则就不能使身体上的肢体运动，那是不够的，它必须更加紧密地与身体联成一气，才能在运动以外还有同我们一样的感情和欲望，这才构成一个真正的人。然后，我在这里对灵魂问题稍微多谈几句，因为这是最重要的一个问题。要知道，无神论的错误我在上面大概已经驳斥得差不多了，可是此外还有一种错误，最能使不坚定的人离开道德正路，就是以为禽兽的灵魂跟我们的灵魂本性相同，因而以为我们跟苍蝇、蚂蚁一样，对身后的事情没有什么可畏惧的，也没有什么可希望的；反过来，知道我们的灵魂跟禽兽的灵魂大不相同，也就更加明白地了解，为什么我们的灵魂具有一种完全不依赖身体的本性，因而绝不会与身体同死；然后，既然看不到什么别的原因使它毁灭，也就很自然地由此得出结论，断定它是不会死的了。

第六部分

三年前我写完了那部包含这些内容的论著，刚刚着手修改、准备付印的时候，听说有一些权威人士对某某人新近发表的一种物理学见解[①]进行了谴责。那些人士是我非常重视的，他们的权威对我的行为有很大影响，正如我自己的理性对我的思想起支配作用一样。至于那种见解，虽说我自己不一定主张它，可是确确实实，在他们提出谴责之前，我并没有在其中看出什么问题，认为危害宗教、危害国家。因此，如果理性认为可以接受，我是不会拒绝把它写在书里的。这件事使我感到惶恐，因为在我的见解当中也同样可以找出某一点是我弄错了的，虽然我一贯小心谨慎。任何新的看法，只要我没有得到非常可靠的证明，总是不予置信，任何意见，只要有可能对人家不利，总是不肯下笔。这已经足以使我改变原来的决定，不再发表我的那些见解。因为我以前决定发表时所持的理由虽然非常有力，我的性格却总是使我厌恶以著书为业，它使我找到不少别的理由来为自己改变主意辩解。这些理由无论从哪方面看都很值得注意，所以不但我有兴趣在这里说一说，大概读者也会有兴趣听一听。

① 指伽利略的地球运行说。

我对于自己心灵的产物素来不很重视;多年以来,我使用我的那种方法并没有得到什么别的收获,只不过满意地解决了一些思辨之学方面的难题,再就是努力按照那种方法教给我的道理好好做人,一直没有想到自己有著书立说的必要。因为我感到,在为人处世方面人人都有非常强烈的主见,如果容许每一个人都像奉天承运、治理万民的君主那样,都像得天独厚、满腔热忱的先知那样,从事移风易俗的工作,那就会人人动手,个个争先,都成为社会改革家了;我的想法固然令我自己十分满意,我相信别人也有想法,他们的想法大概更能使他们满意。可是,等到我在物理方面获得了一些普遍的看法、并且试用于各种难题的时候,我立刻看出这些看法用途很广,跟流行的原理大不相同。因此我认为,如果秘而不宣,那就严重地违犯了社会公律,不是贡献自己的一切为人人谋福利了;因为这些看法使我见到,我们有可能取得一些对人生非常有益的知识,我们可以撇开经院中讲授的那种思辨哲学,凭着这些看法发现一种实践哲学,把火、水、空气、星辰、天宇以及周围一切物体的力量和作用认识得一清二楚,就像熟知什么匠人做什么活一样,然后就可以因势利导,充分利用这些力量,成为支配自然界的主人翁了。我们可以指望的,不仅是数不清的技术,使我们毫不费力地享受地球上的各种矿产、各种便利,最主要的是保护健康。健康当然是人生最重要的一种幸福,也是其他一切幸福的基础,因为人的精神在很大程度上是取决于身体器官的气质和状况的。如果可以找到一种办法使每一个人都比现在更聪明、更能干,我认为应当到医学里去找。在现今的医学当中有显著疗效的成分确实很少,可是我毫无轻视医学的意思。我深信:任何一个人,包括医务

人员在内，都不会不承认，医学上已经知道的东西，与尚待研究的东西相比，可以说几乎等于零；如果我们充分认识了各种疾病的原因，充分认识了自然界向我们提供的一切药物，我们是可以免除无数种身体疾病和精神疾病，甚至可以免除衰老，延年益寿的。我自己已经打定主意要把毕生精力用来寻求一门非常必要的学问，并且已经摸到了一条途径，觉得非常可靠，只要照着走，必定可以万无一失地把它找到；只是受到两方面的阻碍，一是生命短促，二是经验不足。所以我认为，要排除这两重障碍，最好的办法就是把自己所发现的一点东西毫无保留地、原原本本地告诉大家，请求有志之士继续努力，更进一步，按照各人的倾向和努力从事必要的实验，把自己获得的经验再告诉大家，代代相传，使后人能够接过前人的火炬前进，把多数人的生命和成绩汇合在一起，这样，我们群策群力，就可以大有作为，远非个人单干所能比。

关于经验，我还注意到一件事，就是认识越进步越需要经验。我们刚开始研究的时候，宁可采用那些举目可见、尽人皆知的经验；但要略加思考，不必好高骛远，追求罕见的冷僻经验。这样做是因为我们还不认识最通常的原因，遇见罕见的经验每每会上当，而且那种经验所依靠的条件几乎总是很特殊、很琐屑的，很不容易看出来。我在这方面采取了以下的步骤：首先，我一般地考察世界上所有的一切，以及能够有的一切，设法找出它们的本原或根本原因，为了这个目的，我不考虑别的，只考虑它们是神一手创造出来的，不从别处寻找，只发掘我们灵魂深处固有的真理萌芽，从其中抽绎出这些原因。跟着我就细看，根据这些原因可以推出哪些第一步的、最通常的结果；我觉得这样做已经发现了天宇、星辰、地球，甚至于发现了地球上的水、空气、火、矿物之类，这都是最普通、最简单的东西，因此也最容易认识。然后我就想再往下推，推出更特殊的东西，这时候我面前出现了很多形形色色的事物，使我感到在地球上现存的物种以外还有数不清的其他物种，如果神的意志要把它们放在地球上供我们使用的话，也可能在地球上存在过，单凭人的思想实在分不清哪是现存的，哪是可能存在过的，所以只有通过结果往上追溯原因，只有进行许多特殊的实验。这以后，我又用我的心灵进行复查，我敢大胆地说，凡是曾经在我的感官面前出现的事物，我发现没有一样不能用我找出的那些本原相当方便地加以说明。可是我也必须承认，自然界的势力是非常之大、非常之广的，那些本原是非常简单、非常一般的。因此我发现，几乎任何一个特殊结果，开头我都觉得可以用许多不同的方式从那些原因推出来，我通常遇到的最大困难就是不能决定它究竟依靠其中的哪一种方式；为了解除这个困难，我认为没有别的好办法，只有安排一套实验，根据实验结果不同来决定该用哪一种方式来解释。到了这一步，我觉得我已经很清楚地看到，我们应当从什么角度进行大部分实验，才能达到这个目的；可是我也同样看到，这些实验非常繁重，数量非常庞大，我只有两只手，只有那么一点收入，纵然再多十倍，也无法把它们做完；因此，我在认识自然方面能有多大进展，就看我今后能有条件做多少实验。我写那部论著就是打算使大家了解这一点，并且明白指出这样做可以给大家带来很大好处，所以我要求一切有志为人群谋福利的人，也就是那些并非沽名钓誉、亦非徒托虚名的真君子，把他们已经做出的实验告诉我，并且帮助我研究如何进行新的实验。

可是从那时起又有另外一些理由使我改变了看法，觉得我应当实实在在地继续写下去。凡是我认为有几分重要的东西，只要我发现了它的实况，就把它原原本本地写出来，而且要仔仔细细地写，就像准备付印一样。这样做可以尽量反复推敲，因为准备给大家看的东西写得总是比较过细，只给自己看的东西就马虎多了（常常有些东西我开始想的时候觉得很对，打算往纸上写的时候就觉得不对了）。同时也可以尽量为读者想想，写得明明白白。这样，如果我写的东西还有点价值的话，等我死后，得到它的人利用起来就比较方便了。可是我绝不能同意在我活着的时候出版，免得引起种种反驳、种种争辩，招来无可奈何的毁誉，惹是生非，浪费我准备用于自学的宝贵时间。因为固然人人都应当尽力为他人谋福利，独善其身是毫无价值的；可是我们也不能目光短浅、只顾眼前，如果高瞻远瞩，放弃一些可能有益于今人的事情，去从事一些给子孙万代带来更大利益的工作，那也是很好的。其实我很愿意告诉大家，我忙到现在，只认识到很少一点东西，不知道的东西还很多很多。可是我并不泄气，认为很有希望，完全可以认识那些东西。因为在各门学问里逐渐发现真理很像开始发财，不用费多大气力就可以大有收获，不像过去穷的时候那样费好大劲也捞不到几文。我们也可以把寻求真理比作领兵打仗，实力通常总是随着胜利而雄厚的，吃了败仗要煞费苦心才能保住不垮，打了胜仗之后却不用费多大气力就能占领许多城池和大片地盘。我们努力克服妨碍我们认识真理的种种困难和错误，确实跟作战一样，在一个有点普遍性、有点重要性的问题上接受了错误的看法就是打败了仗，要恢复原有阵地就必须大费心机；可是在有了可靠的本原的时候不怎么费事就可以取得很大的进展。至于我，如果我过去在各门学问里发现了一些真理的话（我希望本书的内容可以表明我发现了一些），我可以说，这只是由于我克服了五六个主要困难的结果，也可以说是打了五六次胜仗。我还可以大胆地说，我认为只要再打两三次这样的胜仗，我的计划就可以全部实现；我现在年龄还不算很大，按照常理我还有足够的时间，完全可以达到这个目的。可是我觉得，越是希望好好利用今后的时间，就越应当精打细算，好好安排；如果发表我的物理学原理，那一定会惹出许多事情，耽误我的时间。因为尽管这些原理几乎每一条都十分明确，只要懂了就不能不相信，而且我认为没有一条不能加以证明，可是别人的意见是五花八门的，我这些原理不可能符合每个人的看法，所以我预料到一定会引起种种反驳，经常使我分心。

当然可以说，这种反驳还是有好处的，它可以使我知道自己的缺点；如果我有优点，通过反驳也可以使别人更深刻地理解它，况且群众可以比个人看得更广，他们从现在开始反驳，也就用他们自己的发明帮助了我。可是，尽管我承认自己是极容易弄错的，对自己心里最先出现的想法是几乎从来不相信的，我对别人的反驳还是有经验，这种经验告诉我，决不能指望从其中得到任何好处。因为我曾经多次受到批评，来源是各方面的，既有我认为是朋友的，也有某些我觉得对我不好不坏的人，甚至于还有某些人我明知是怀有恶意和忌妒的，我的朋友由于偏袒没能看出的问题，他们都不遗余力地加以揭露；可是他们向我提出的反驳却几乎没有什么东西出乎我的意料，即或有，也只是些离题很远的细枝末节；所以说，我遇到的那些批评家在我看来几乎从来没有一个比我自己更严格、更公正。而且我也从来没有见到通过经院中进行的那种争辩发现过什么前所未知的真理;因为争辩的时候人人都想取胜,尽量利用貌似真实的理由吹嘘,很少权衡双方的道理,那些长期充当律师的人并不因此后来就是更好的法官。

传播我的思想也不会给别人带来很大的好处,因为我还没有把这些思想贯彻到底,还需要添加很多东西,然后才能用于实际。我觉得可以老老实实地说,如果有人能够把它贯彻到底的话,那就应该是我自己,而不是别人;这并不是说世界上只有我聪明,比我聪明万倍的人多得很,可是要想透彻理解、全面精通一样东西,跟别人学还不如自己发明。这是千真万确的,因为我曾经向一些非常聪明的人反复说明我的某些思想,他们听我讲的时候仿佛了解得很清楚,可是一复述就窜改得面目全非,令我再也不能承认这就是我的思想。我愿意乘这个机会请求后人注意,凡是未经我亲自发表的东西,千万不要听信道听途说,以为是我说出来的。有许多荒诞不经的说法被加到没有著作传下来的古代哲学家头上,我觉得是毫不足怪的。我并不因此就认为他们的思想很不合理,因为他们是当时最智慧的人,只不过被传统弄走了样而已。大家都知道,他们的门徒就几乎没有一个超过他们的;我敢说,现在的那批热烈追随亚里士多德的人[①]如果得到跟亚里士多德一样多的自然知识,就会觉得自己很幸运了,反正他们是绝不会得到更多的知识的。这种人好比藤萝一样,藤萝是绝不能爬得比自己依附的树更高的,而且常常在爬到树顶之后又往下爬,因为我觉得他们也是在

① 指当时的经院学者,他们奉亚里士多德为圭臬。

走下坡路，就是说，他们如果不再钻研，学问也就江河日下，不如另外一批人，读完经典里明白说出的东西还不满足，又想出许多难题，要在字里行间搜索，找出祖师爷没有说的、甚至根本没有想到的解答。他们那种研究哲学的方式是非常适合才智十分平庸的人的，因为他们使用的范畴和原理含含糊糊，使他们能够放言高论，无所不谈，就像真的知道似的，并且能够为他们的全部说法辩护，对抗各种最巧妙、最灵活的说法，弄得人家无可奈何。他们这样做，我觉得好像一个瞎子，为了跟看得见的人打架不吃亏，就把人家拉到很黑很黑的地窖底下去。可以说，我不肯发表我所用的那些哲学原理，对这种人是很有利的，因为那些原理非常简单，非常明确，我一发表就等于打开窗子，把阳光放进他们跑下去打架的那个地窖。就连那些最聪明的人也大可不必急于知道那些原理，因为如果他们要想知道怎样放言高论，无所不谈，赢得博学的名声，那很容易达到目的，只要守住貌似真实的道理就行了，这是在哪种对象里都找得到的，不用多费气力，不像寻求真理那样难。真理是只能在某些对象里一点一点发现的，如果要谈的是别的对象，那就要求我们坦白承认自己不知道。如果他们并不想装出无所不知的样子唬人，真想知道那么一点真理（那点真理当然是值得知道的），真想照着我那样的计划去做，那很好办，看看这篇谈话里说过的那些就行了，并不需要我再多说些什么。因为，如果他们能力很强，可以取得的成就比我大，那就更不用说，我认为已经发现的东西他们自己也一定可以发现。既然我的研究工作一贯循序渐进，尚待发现的东西自然比已经找到的东西更困难、更深奥，他们自己去发现它一定比跟我学更痛快；除此以外他们还可以养成一种习惯，先

从简单的东西开始,然后一步一步进而探索比较困难的问题,这比我的全部教导对他们更有用。拿我自己来说,我相信,如果在幼年的时候人家就把我多年来没法加以证明的那些真理全部教给了我,学得一点都不费力,大概我是绝不会知道什么别的真理的,最低限度在寻求新的真理的时候绝不会总是那样熟练、那样得心应手的。总之,如果世界上有那么一种工作,由原班人马一直干到底不另换人可以完成得更好,那就是我所干的这一种。

可是,为了完成这种工作,需要进行一些实验,那些实验凭一个人的力量确实无法做完;一个人能够有效地使唤的只是自己的一双手,此外就只有找一些匠人或愿意受雇的人,利用他们希望得钱的心理,拿出这种最有效的办法,让他们严格按照规定完成任务。也可能有一些人出于好奇,或者想学点东西,自愿给他出力帮忙,可是这类人通常总是说的多、做的少,只是提出一些根本办不到的建议,其目的当然是以此为由,要他给自己讲解几个难题,至少也要恭维自己几句,应酬一番,作为报答,干这类事情就不能不耗费若干有用的时间。至于别人已经做出的实验,把它看成秘密的人是绝不会公开的,即便有人愿意告诉他一些,也多半内容驳杂,含有大量无用的枝节、多余的成分,很不容易辨认出真理来;而且他还会发现,由于实验者竭力把结果描述得符合自己的原则,这些实验几乎全都被解释糟了,甚至弄得错误百出,即或有些实验对他有用,也必须花费时间挑选,实际上得不偿失。因此,假如世界上有那么一个人,大家确实知道他能够作出最伟大的发现,给公众带来莫大的利益,由于这个缘故,别人都千方百计地帮助他完成计划,依我看来,能帮得上他的也只限于提供经费,资助他进行必要

的实验，再就是谁也不要打扰他、浪费他的时间。何况我这个人还没有那么大的魄力，不敢保证自己的贡献一定出乎寻常，也没有那么大的派头，不敢想象大家都应当很关心我的计划，我的人格也不是十分卑鄙，那些可以被人认为非分的照顾我是一样都不肯接受的。

这些顾虑加在一起使我三年来不愿发表手头的那部著作，甚至下定决心在我活着的时候决不发表任何带有纲领性的、可以让人们了解我的物理学原理的其他著作。可是从那时起又有另外两条理由使我不得不在这里拿出几个特殊的样品[①]，向大家大致说一说我的活动和计划。第一条理由是：如果不这样做，有些人知道我曾经有意出版几部著作，他们会以为我放弃出版是由于不可告人的原因；我虽然并不过分好名，甚至可以说厌恶荣誉，认为荣誉妨碍安静，安静最佳，可是也从来不想隐蔽自己的行为，好像犯了罪似的，也没有防范森严，不让人家知道自己，我认为那样做不但对不起自己，而且给自己带来一种不安，违反我所追求的精神上绝对安静；而且，我尽管始终采取漠然态度，既不求名也不求无名，还是不能不得到某种名声，所以我想还是应当尽力而为，至少要做到不得恶名。另外还有一条理由使我不得不写这本书，那就是：由于需要做的实验无穷无尽，我发现我的自学计划不得不一天一天推迟，如果没有别人帮助我是不可能完成的，所以我尽管没有那么大的派头，不敢指望大家都来大力参加我的事业，还是不愿意过分不尽责任，弄到死后留下骂名。人们总有一天会责备我太疏忽，没有

① 指这篇谈话后面的三篇试探：《折光学》、《大气现象学》、《几何学》。

让他们知道怎样才能帮助我完成计划，否则可以给他们留下许多更好的成果，我却没有做到。

我觉得不难选出一些题材，既不至于引起很大的争论，也不需要违背我的意愿过多地宣布我的原理，仍然可以很清楚地说明我在各门学问里能够做到什么，不能做到什么。这件工作做得成功与否，我自己没法说，也不能对自己的作品议论一番，堵塞别人的评论，我很乐意大家审查它。为了使大家有更多的机会审查，我请求有反对意见可提的人通力协助，费心把意见寄给本书的出版者，我一得到他的通知就立刻把我的答复附到本书的新版里去，这样，读者可以同时看到两方面的话，就更容易判别是非了；因为我的答复绝不会很长，只要认识到错误，就痛痛快快承认；如果看不出什么错误，就简简单单说出我认为必要的话，为自己写的东西辩护，不添新的材料，以免越说越远，没完没了。

我在《折光学》和《大气现象学》开头处讲了一些东西，由于我把它们称为假设，似乎无意加以证明，初看可能有点奇怪，要有耐性把全篇仔细读完。我希望大家读完之后会感到满意，因为我觉得其中的推理都是联成一气的，前面的可以证明后面的，后面的又可以反过来证明前面的，也就是说，可以用原因证明结果，又可以反过来用结果证明原因。大家不要以为我这是犯了逻辑上所谓循环论证的毛病，因为经验告诉我们，这些结果大部分是非常可靠的，我根据一些原因把它们推演出来并不是以此证明它们实际存在，而是对它们作出说明，正好相反，那些原因是由它们来证明的。我把它们称为假设，只是为了让大家明白：我认为根据前面说过的那些基本原理是能够把它们推出来的，可是我决意不那么做，免得被某些聪明人钻空子；要知道，别人花二十年工夫想出来的东西只要告诉他们两三个字，他们就立刻以为自己在一天之内全都知道了；这种人越聪明、越机灵，就越容易犯错误，越不能发现真理，我要是作了那种推演，他们就会抓住把柄，认为那就是我的原理，在上面胡乱建立起狂妄的哲学来，弄得人家以为是我犯了错误。至于那些纯粹属于我的看法，我承认它们是新的，并不辩解，因为我相信大家看清了我的推理就会发现这些看法非常简单、非常合乎常识，同大家对这类问题所能采取的其他见解相比，并没有什么特别、什么奇怪；我也不吹嘘这是我的创见，不过我很自豪，我采取这些看法并不是由于别人这样说过，也不是由于别人没有这样说过，而只是由于理性这样说服了我。

如果匠人不能立刻把《折光学》里讲解的那种发明用于实际，我想绝不能就此便说那种发明很糟，因为一定要有熟练的技巧，才能把我所描述的那些机械制造出来、装配起来、做到毫无缺陷。如果一做就成，我觉得倒是一件怪事，不亚于一个人光凭一本好乐谱学了一天就会弹出一手好琵琶。我用本国的语言法文写这本书，没有用师长的语言拉丁文写，那是因为我觉得那些单凭自己干干净净的天然理性来判断的人一定善于评判我的看法，胜过只信古书的人；至于那些把良知与学习结合起来的人，是我一心向往的公正评判者，我相信他们绝不会如此偏爱拉丁文，由于我用俗语说理就掩耳不听。

此外，我并不想在这里细谈自己希望将来在学术上作出哪些新贡献，也不想向大家提出任何没有把握办到的诺言，只想说一句话，就是我已经下定决心，把今后的时间专门用来求得一点自然知识，这点知识要踏踏实实，可以从其中推出一些规则供医学使用，比一向使用的那些规则更切实可靠；我的倾向使我绝不作任何其他打算，主要是不干那种对一些人有利、对另一些人有害的事情，假如迫于形势不得不这样做，我相信一定不会做好。因此我在这里郑重声明：我深知我这个人是没有办法在人世间飞黄腾达的，我对此也毫无兴趣，我永远感谢那些宽宏大量、让我自由自在地过闲散日子的人，并不希望有人给我尘世上的高官显位。

附 录 一

笔者写给本书译者的信，可以放在书前当序用①

先生：

您费心翻译我写的《原理》，译文这样明白，这样完美，我相信读法文译本的人会比读拉丁文原本的多，书的内容会得到读者的正确理解。我只担心这个书名会使许多读书太少、或者对哲学抱有消极成见的人望而却步，因为他们从别人那里学来的成见使他们不满意。这就使我想到，最好在书前加一篇序，向他们宣布本书有哪些内容，我写这本书抱着什么企图，以及读了它有什用处。可是我虽然理当写这篇序，因为我对那些事应该知道得比谁都清楚，我所能做的却仅限于给那些我以为该在这里讨论的要点作一个概述，至于让读者知道哪些事情您认为恰当，我要请您裁决。

我曾经想到首先要在那里说明哲学是什么，从一些最平常的事情说起，例如：哲学这个名词的意思是研究智慧，所谓智慧指的

① 笛卡尔所著《哲学原理》(1644 年)是用拉丁文写的，1647 年出版的法文译本加上了这篇代序。这个译本原署“他的一个朋友译”，译者实际上是格罗德·毕果方丈(Abbé Claude Picot)。

并不只是处事审慎，而是精通人能知道的一切事情，以处理生活、保持健康和发明各种技艺；这种知识要能够做到这样，必须是从一些根本原因推出来的。所以，要研究怎样取得这种知识，一个真正从事哲学研究的人应当首先研究这些根本原因，也就是本原①；而这些本原应当满足两个条件：第一个是要非常清楚，非常明显，人心一注意到它们就不能怀疑它们的真理性；另一个是要依靠它们才认识其他事物，就是说，离开其他事物能够认识它们，而不是反过来离开它们能够认识其他事物；这以后就该尽量努力，从这些本原推演出各种依靠它们的事物的知识，做到推演系列中没有一个环节不十分明显。确确实实，神是唯一完全智慧的，就是说，他对一切事物的真理性具有全部知识；可是我们可以说，人是有或多或少的智慧的，一视他们对那些最重要的真理具有或多或少的知识而定。我相信这些话没有一点不是饱学之士们仍然不同意的。

我接着就请大家考虑这个哲学的用处，指出它既然遍及人心所能知道的一切，我们就该相信，只是它使我们有别于那些生番和蛮子，每一个民族的文明与开化，就是靠那里的人哲学研究得好，因此一个国家最大的好事就是拥有真正的哲学家。此外，对于每一个单个的人来说，不仅跟进行这种研究的人生活在一起是有益的，自己亲身从事研究更是好到不知多少倍；毫无疑问，用自己的眼睛指导自己的行动，以及用这种办法去享受颜色的美，享受光明，要比闭着两眼听别人指点好得多；不过听从别人指引比起闭上

① les principes，开始的东西，即希腊哲学的ἀρχή。旧译“原则”或“原理”，包含了原来没有的“规则”、“道理”的意思，应纠正。

两眼只听任自己行动还要好些。真正说来，活着不研究哲学，就如同闭上两眼不肯睁开；观看我们视觉发现的一切而得到的那种愉快，根本比不上人们凭哲学发现事物的知识而获得的那种满足；总之，我们必须研究哲学来砥砺德行、指导人生，胜过使用眼睛来引导我们走路。野生的禽兽只有身体需要保护，就经常不断地从事寻求养身的食品；然而人的主要部分是心灵，就应该把主要精力放在寻求智慧上，智慧才是他真正的养料；而且我也敢断言，有很多人在这方面是不会失败的，只要他们抱着取得胜利的希望、并且知道自己能做多少就行。没有一个人的灵魂如此卑下，牢牢地固守在各种感官对象上面，不会有那么一回抛开感官对象，转过来希望取得另外一个更伟大的好东西，尽管他每每不知道这个好东西在哪里。那些得天独厚的人享有充分的健康、荣誉和财富，更不会缺少别人所有的那种欲望；正好相反，我相信这些人是以极大的热忱期待着另外一个比他们具有的一切更伟大的好东西。这个伟大的好东西，在那种不带信仰光辉的自然理性看来，无非就是那种通过根本原因得到的对于真理的认识，也就是哲学所研究的那个智慧。因为这些道理是完全真实的，所以它们不难使人信服，只要把它们很好地推演出来就行。

可是，由于人们凭经验不能相信这些说法，因为他们见到那些自命为哲学家的人常常不如从未从事这种研究的人那么智慧、那么明理，所以我就在这里扼要地说明了我们现有的全部学问状况如何，以及人们达到的智慧有哪几等。第一等的只包含一些本身就很清楚的见解，不用深思就能得到它们。第二等的包括各种感官经验使我们知道的一切。第三等的是别人的谈话教给我们的。

此外还可以加上一个第四等的，就是读书，并不是读所有的书，而是专指读那些能给我们教益的人写的书，因为这就是我们与作者进行的一种谈话。在我看来，人们通常拥有的智慧只是用这四种办法取得的；我在这里就不列入那种神圣的天启，因为天启并不是一步一步引导我们，而是突然一下把我们提高到确信不移的状态的。在以往的各个时代都有一些伟大的人物，曾经努力寻求第五等办法来取得智慧，比其他四等要高明、精确到不知多少倍，这就是寻找那些根本原因和真正的本原，从其中推演出人能知道的一切的所以然；从事这种工作的，就是大家称之为哲学家的那些人。可是我并不知道到现在为止有谁完成了这个计划。我们读到其著作的最早的、主要的哲学家是柏拉图和亚里士多德，他们俩的区别只在于前者追踪自己的老师苏格拉底，老实承认自己没能找到什么确定不移的东西，满足于写下自己以为似乎真实的事情，为此想象出一些本原①，用来解释其他的事物；亚里士多德则没有那么坦白，虽然跟他做了二十年门徒，也没有什么与他不同的本原②，却完全改变了讲述这些本原的方式，把它们讲成真实可靠的，虽然毫无迹象表明自己曾经作过这样的评价。可是这两个人拥有很多才智，又有很多用上述四种办法取得的智慧，使他们得到不小的权威，以至于后来的人宁愿跟从他们的意见，不想去寻求更好的东

① 指柏拉图的ἰδέα，εἶδος，意指型、相，由于拉丁文译本译作 idea，英、法文译本也因此译成 idea 和 idée，我国旧译误为观念、理念。

② 亚里士多德的 εἶδος，是从柏拉图那里继承来的，拉丁文译本改译为 forma，英、法文译本因此译成 form 和 forme，我国据以译为形式。

西。他们的门徒争执的主要问题是：我们应该对一切都怀疑，还是认为某一些是确实可靠的。这就使争论的双方都陷入荒唐的错误：因为有些主张怀疑一切的人一直怀疑到人的行为，因而放荡不羁，无意于谨言慎行；那些主张确有其事的则以为确实与否应当取决于感官，因而对感官完全信任，据说伊壁鸠鲁就敢于反对天文学家举出的全部理由，断言太阳并不比我们看到的大些。我们发现，在大多数争论中间，并不是真理位于人们主张的两种意见的中间所在，不偏不倚，而是哪种意见越说得偏激就离真理越远。那些过于倒向怀疑方面的人的错误，并不是长期得到人们信从，另一批人的错误，由于承认感官在许多事情上欺骗我们，也已经得到了某种程度的纠正。然而这并不是说人们把这种错误完全消除了，我是向大家说明，确信并不是由感官得来的，只是由具有明显知觉的理智取得的；我们只有来自上述四等智慧的知识时，不应该怀疑那些有关人类行为的似乎真实的事情，也不应该把它们看成十分确定，不能改变看法，哪怕在有某种理性的证据要我们改变的时候。由于不明白这个道理，或者虽然明白却不肯实行，若干世纪以来大多数想当哲学家的人盲目追随亚里士多德，以至于常常歪曲他的著作的意思，给他加上种种若他回到这个世界上也不会承认属于他自己的意见；那些没有跟随亚里士多德的人（其中有很多是颇有才智的）在幼时也不免感染上他的意见（因为这是学校里教的唯一教材），这就成了牢固的先入之见，使他们不能认识到真正的本原。我虽然对他们很尊重，不愿因斥责他们而给自己招来怨恨，却能为我的说法提出一个证明，就是我相信他们没有一个会不同意这个说法，即：他们全都把一个自己并不完全了解的东西设定为本原。

例如，我知道他们全都设定了地上各种形体中的重量，可是尽管经验非常清楚地告诉我们那些号称沉重的形体向地心降落，我们却不知道这个所谓重量的本性是什么，也就是说，不知道那使它们如此下落的原因或本原的本性是什么，这一点我们应该从别的地方去学。这样的话也可以用来说虚空和原子，热和冷，干和湿，盐、硫、汞，以及有人设定为本原的这一类东西。从一个不明显的本原推演出的一切结论也不能是明显的，虽说是明显地推演出来的；由此可见，根据这样的本原作出的一切推理并不能使他们得到某物的可靠知识，因此也不能使他们在智慧的研究中前进一步。尽管如此，我并不想贬低他们每一位所能指望获得的荣誉，我只是想安慰一下那些不曾进行研究的人，不得不说，这好像在旅行，如果背朝着要去的地方前进，走的时间越长、速度越快，就离开目标越远，纵然后来走上了正道，也不能立刻到达目的地，像以前没有走似的；所以，如果设定着那些坏的本原，越是反复琢磨它们，越是仔细从其中推出各种结论，就离开认识真理和智慧越远。由此应该得出结论说：对那种迄今被称为哲学的东西学得越少，就越能学到真东西。

说明了这些意思之后，我打算在这里举出一些理由来证明，有一些真正的本原可以用来达到最高级的智慧，使我们享有人生最大的好事，这就是我在这部书里提出的那些本原；要达到这个目的只要说出两点就行，第一点是它们非常清楚，第二点是能从其中推演出其他的一切事物来，因为真的本原需要满足的只有这两个条件。我很容易证明这样的本原是非常清楚的，这首先是根据我发现这种本原的方式，即：凡是我可以遇到一丝一毫可疑之处的，我都把它否定了；因为的的确确，凡是我考察时不能以这种方式加以否定的，就是人心所能知道的最明显、最清楚的东西。我就考虑到，那个要想怀疑一切者，却不能怀疑他怀疑时不是[①]，而且，那个不能怀疑自己、却怀疑其余的一切的推理者，并不是我们说是我们的形体的那个东西，而是我们称之为我们的灵魂或思想的那个东西，于是我就把这个思想的是[②]或存在当成最初的本原，并且十分清楚地从其中推演出下列结论，即：有一个神是世界上一切的创造者，他既然是全部真理的来源，就并没有把我们的理智创造得具有那样的本性，以致在判断自己非常清楚、非常分明地觉察到的事物时能够弄错。这就是我用来说明非物质事项或形而上学事项的全部本原，我从其中非常清楚地推演出有形体事项或物理学事项的本原，即：有一些在长、宽、高三方面伸张[③]的形体，具有各种不同的形状，并且以各种不同的方式运动。总之，这就是我据以推演出其他事物真相的本原。证明这些本原非常清楚的另一个理由是：它们在任何时代都为人们所知晓，甚至于被所有的人看成真实的、无可怀疑的，只有神的存在除外，曾经被某些人所怀疑，因为他们过分倾向于感官的知觉，而神是看不见摸不着的。可是，我列为本原的一切真理虽然在所有的时代被所有的人所知晓，就我所知，到现在为止并没有一个人承认它们是哲学上的本原，也就是那样的

① qui ne peut toutefois douter qu'il ne soit，意即：不能怀疑自己在怀疑的时候并不存在。

② l'être，即注①中的 soit（动词条件式现在时第三人称单数）。这个"是"并非系词，而是实义词，指"起作用"，即"存在"的原始意义。

③ l'étendue，拉丁文 extentiō，指向外扩张；旧译"广袤"，又译"广延"，都只说到宽和长，没有说到高，所以不恰当。

一些本原，我们可以据以推演出世界上一切其他事物的知识。因为这个缘故，我在这里还要来证明它们是这样的本原；我觉得最好还是让经验来说话，也就是请读者看看这部书。因为我虽然没有在书中论述所有的东西，没有做那种办不到的事，我想我还是把有机会论述的都详细说明白了，看我文章的人会很容易被说服，认为没有必要去找别的本原，只要根据我提出的那一些就可以达到人心所能获得的那些最高的知识；主要是，他们读了我的文章之后，如果用心考虑到这部书里说明白了那么多各式各样的问题，再通读别人的文章，就会看出用异于我的本原的本原说明那些问题，所能提出的似乎真实的理由是多么稀少。为了使他们比较容易从事研究，我可以告诉他们，受过我的意见熏陶的人不用费多大劲就能理解别人的著作，认清其中的真正意义，大大胜过没受过我的意见熏陶的人；这跟我前面说的那些从古代哲学读起的人完全相反，那些人学的越多，通常就越不容易通晓真正的哲学。

此外我还补了几句，劝大家留意自己读这部书的方式。我希望读者首先要通读全文，就像看小说那样，不要过分地聚精会神，遇到可能出现的困难不要停下不看，只要大体上知道我论述的那些题材是什么就行；这以后，如果发现这些题材值得钻研，自己有兴趣弄清它们的原因，那就可以再读一遍，看看我提出的那些理由之间的联系；如果他不能处处都充分看出那种联系，或者不完全理解那些理由，那也不能到此止步，只能用笔划出发现困难的地方，继续不断地把它看完；这以后，如果他把书拿起看第三遍，我相信他会发现以前划出的大部分困难都得到了解决；如果还剩下一些的话，他反复阅读，最后会得到解决的。

我考察人们的各种天赋才智，发现没有一个人的禀赋会如此愚昧、如此鲁钝，以至于不能理解良好的意见，只要得到正确的指导，全都可以做到，甚至可以得到各种最高的学问。这件事也可以用理性来证明，因为只要本原是清楚的，又只用十分明显的推理来推演，人总是有足够的才智用于理解随着本原而来的那些东西的。可是此外还有偏见在起阻碍作用，人是很难完全避免偏见的，研究假学问最多的人固然受害最大，具有中等才智的人却几乎总是以为自己不行，因而放弃研究，而另一些比较热心的人则急于求成，跑得太快：这样一来，他们就常常接纳一些并不明显的本原，而且据以推出一些并不可靠的结论。因为这个缘故，我要给那些过分低估自己力量的人打气，肯定我的著作里没有一样东西是他们完全不能理解的，只要他们用心考察就行；同时我也要提醒另一些人说，即便是最杰出的才子，也需要花费很多时间和精力才能理会我要在书中讲出的一切。

这以后，为了使大家明白我公开发表这些见解的目的何在，我还要在这里说明，我认为我们应该按照一定的次序来教育自己。首先，一个人如果还只有用上述四种方法所能获得的那种平凡的、不完备的知识，就该先努力树立一种为人处世的轨范，来规定人生的各种活动，因为这是刻不容缓的，我们首先要生活得妥善才行。然后，还应该学习逻辑，这不是经院里的逻辑，因为真正说来，那只是一种辩证法，教人如何使别人理解自己所知道的东西，甚至对自己并不知道的东西毫无判断地说许多话，因此只会败坏良知[1]，不

[1] le bon sens，即分别真假的能力，不同于可以弄错的感官，因此就是理性。

能使理性增长分毫;而逻辑却是教人正确地运用自己的理性去发现自己所不知道的真理的;由于逻辑要靠熟练,所以最好长期练习,在一些容易的、简单的问题上,例如在数学问题上,反复运用逻辑的规则。然后,在养成了一些习惯,能在这些问题上发现真理的时候,就应当开始认真地研究真正的哲学,它的第一部分是形而上学,包括知识的本原,其中就说明神的主要属性,我们灵魂的非物质性,以及我们心中的那些清楚的、简单的见解。第二部分是物理学,在发现了物质性东西的真正本原之后,就一般地考察宇宙是怎样构成的,接着又特殊地考察这个地球的本性是什么,考察通常出现在地球周围的一切形体,如气、水、火、磁石以及其他各种矿物是怎么一回事。这以后也需要特殊地考察各种植物、动物、尤其是人的本性,这样才能发现那些对人有益的其他学问。因此哲学好像一棵树,树根是形而上学,树干是物理学,从树干上生出的树枝是其他一切学问,归结起来主要有三种,即医学、机械学和道德学,道德学我认为是最高的、最完全的学问,它以其他学问的全部知识为前提,是最高等的智慧。

可是我们并不是从树根上,也不是从树干上,只是从树枝的末梢上摘取果实的,所以我们认识哲学的主要用途要靠认识它的部分的用途,我们只能学习后者。我虽然对后者几乎全然无知,却热心为公众服务,因此在十来年前付印过几篇随笔[①],写的是我认为自己曾经学习到的东西。这些随笔的第一部分是一篇《谈谈正确

① l'essai,出于动词 essayer [尝试],指一种文体,是比较随便的讲述,不是长篇大论。如蒙田的和洛克的。

运用自己的理性在各门学问里寻求真理的方法》,其中概述了逻辑的主要规则,以及一种并不完备的道德学的规条,人们在远不知道更好的道德学时暂时可以照着做。其他的部分是三篇论文:一篇关于折光学的,另一篇关于气象学的,最后一篇关于几何学的。在《折光学》里我试图表明:我们在哲学上向前推进一步,就能用它的方法进而认识一些有益于人生的技艺,因为我在那里讲了望远镜的发明,那是人们研究过的最难的课题之一。在《气象学》里我试图使大家承认,我所研究的哲学与经院里讲授的哲学虽然通常研讨同样的题材,却是不一样的。最后,在《几何学》里我试图证明,我已经发现了许多以前不知道的东西,因此有理由相信我们还能发现许多别的东西,并以此刺激所有的人去研究真理。从那个时候起,我预见到许多人会难以体会形而上学的根本,因而在一本题为《沉思集》的书里努力说明了它的主要之点;那本书不很大,但是后来它的篇幅变大了,问题说得明白多了,这是因为有许多非常渊博的人寄来他们对我的论点的异议,我又给他们作了答复的缘故。最后,我觉得上述的这些论文已经为读者的心灵作了理解《哲学原理》的充分准备,就把它出版了,我把这部书分成四个部分,第一部分包含知识的原理,可以称为一等哲学[①]或形而上学:为了准确地理解这一部分,宜于先读我对同一题材写的那些沉思。其余的三部分包含物理学中最一般的东西,就是说明自然界的根本规律或本原,以及天宇、恒星、行星、彗星和整个宇宙是怎样构成的;然后

---

① la première philosophie,拉丁文作 philosophia prima,原来由亚里士多德提出,笛卡尔接受了这个提法。

分别说明这个地球以及气、水、火、磁石的本性，这些东西是我们在地球周围随时随地可以发现的，此外还有我们在这些形体里面见到的一切性质，如光、热、重之类：这样，我想我已经开始依次说明了整个哲学，并没有任何遗漏，把应该在我写过的那些东西之前加以论述的都说到了。但是，为了把这个计划一直进行到底，我应该在这以后以同样方式逐个说明地球上另一些更特殊的形体的本性，就是论述各种矿物、植物、动物，主要是人；最后，要正确地论述医学、道德学和机械学的本性。我应该做的工作是给人们提供整整一套哲学；我并不感到自己太老，并不认为自己的力量不够，并没有发现自己无法认识其余的东西，以至于不敢去完成这个计划，我是有条件进行全部实验来确立和证实我那些推理的。可是我看出这件工作需要的费用很大，我这样的个人没有公众帮助是出不起的，我也看不出自己应该等待这种帮助，所以我认为从现在起应该满足于为教育自己而学习，如果未能为后人工作，是会得到谅解的。

然而，为了让大家看得出我在哪方面帮了他们，我要在这里告诉大家，我深信他们能从我提出的这些本原得到哪些果实。第一个果实是人们在其中发现许多以前不知道的真理，将会心满意足；因为真理虽然常常不像错误和虚构那样打动我们的想象力，由于它显得不大奇妙而比较简单，它给人们带来的满足总是比较持久、比较牢靠的。第二个果实是人们研究了这些本原会一点一点养成习惯，学会正确地判断所遇到的一切事物，因而比较智慧：在这一点上，他们收到的效果与学习通常的哲学[①]正好相反；因为很容易

① 指经院哲学。

在那些号称学究的人身上看到，那种哲学使他们更加不能运用理性，还不如没有学过好。第三个果实是我这些本原非常清楚、非常确切，会肃清一切争执的缘由，使人心安定到温和而且协调，与经院的争辩正好相反，那种争辩使学它的人更加吹毛求疵、更加顽固不化，也许是当今世界上流行各种异端邪说的根本原因。我这些本原的最后一个主要的果实，就是人们研究了它们就能发现许多我并未说明的真理，这样一点一点从一个进到另一个，经过一段时间就能获得一种对于整个哲学的完备的认识，上升到最高级的智慧。因为，正如我们在各种技艺里看到的，它们起初是粗糙的、不完善的，可是由于包含着某种真东西，而且经验也表明它们有效，它们就通过使用一点一点完善起来。同样情形，我们在哲学上有了一些真的本原时，就不免依据着它们有时遇见另一些真理；要证明亚里士多德所提出的那些本原是假的，较好的办法是说：我们遵循这些本原很多世纪以来，并没有凭着它们作出任何进步。

我很知道，有一些才子急于求成，做事很不审慎，即使有非常可靠的基础，也盖不出结实的房子来；通常那些急于著书立说的人会在很短的时间内毁掉我所做的一切，在我的那种研究哲学的方式里加进了不确定和怀疑。由于这个缘故，我曾经力求把他们仔仔细细驳斥一番，以免人家把他们的文章当成我的，或者以为其中充满着我的意见。不久前我得知有一个人被认为一心一意追随我的看法，甚至我自己还在某处写过他，说“我非常信服他的才能，而且相信他所持的意见没有一个不是我很愿意承认属于我自己的”[①]：

① 这话的意思见笛卡尔给伏爱特的信（*Epistola Renati Des-Cartes ad D. Gisbertum Voetium*，1643）。

因为他去年出版了一本书，名叫 Fundamenta Physicae［《物理学基础》］[①]，其中虽然没有一处说他在物理学和医学方面的说法取自我的著作，包括我已经出版的作品，以及另一种落在他手里的关于动物本性的不完备的作品，可是由于他抄袭得太拙劣，改变了次序，否认了某些应当作为物理学根基的形而上学真理，我不得不对此书全盘否定，并且请求读者不要把任何意见加给我，除非在我的文章里明显地发现了它，也不要肯定任何意见是真的，不管是我的文章里的还是别处的，除非自己非常清楚地看出它是从真的本原推出来的。

我也很知道，人们像这样从这些本原推出一切可以从其中推出的真理之前，会经过几百年时间，因为大部待发现的真理要靠某些特殊经验引出，这些经验是不会偶然遇到，只能由一些非常聪明的人付出心思和费用去寻找的；还因为那些善于使用心思和费用的人不大能够取得它们；还因为大多数优秀的人才对整个哲学怀有不好的看法，这是由于他们在流行至今的哲学里看出了毛病，不能投身于其中寻求一个好东西。可是，如果他们最后看出了我这些本原与别人的一切本原的区别，我们能够推出的大串真理使他们认识到继续这些真理的研究有多么重要，这些真理最后会引导到何等的智慧，何等的生活圆满，何等的幸福，我敢于相信不会有一个人不努力投身于如此有利的研究，至少他们会尽力帮忙和协助那些研究有成就的人。我预祝我们子孙后代在这方面看到成功，等等。

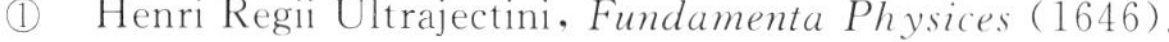

① Henri Regii Ultrajectini, *Fundamenta Physices* (1646).

附 录 二

给读者的序[①]

神和人心这两个问题，我在1637年出版的《论正确运用自己的理性在各门学问里寻求真理的方法》[②]里已经接触到了，不过那本书里无意于深入探讨，只是顺便谈一谈，以便从别人对此的评论中学一学我以后应当以什么方式来论述。因为这两个问题我一直认为非常重要，最好反复讨论几次；同时我用来解释这两个问题的办法又没什么人用过，与通常的途径相去甚远，所以我以为用法文、用这种人人读得懂的文字写出来是不利的，恐怕那些才疏学浅的人会以为他们可以走这条路。

我在那本书里曾经恳请一切读者，只要在我写的文字里看出什么值得指责的地方，就不吝赐教，给我指点出来。可是在我对这两个问题所说的话里，只有两点大家提出了不赞成的意见。我想对这两点先在这里简单答复一下，以后再作更确切的解释。

① 这是拉丁文本《第一哲学沉思集》的序，这本书由 De Luynes 译成法文，后经 Clerselier 修改译文出版。

② 这个书名译成拉丁文时作 Dissertatione…［论……］，不同于原来的 Discours…［谈……］。

第一点是说:人的心灵[1]反观自己,见到自己无非是一个在思想的东西,但是不能由此得出它的本性或本质仅仅在于思想,因为这个“仅仅”就把人们也许可以说属于灵魂[2]的本性的其他东西统统排除了。

我对这个反驳的答复是:我在那里并不是有意按照事物实际的次序[3]把其他的东西排除掉(那时我并没有探讨事物的实际),只是按照我的思想的次序立论;所以我的意思是说:我不知道什么东西属于我的本质,只知道我是一个在思想的东西,或者是一个本身具有思想能力的东西。我在这以后将要说明,怎样根据我不知道有什么别的东西属于我的本质,可以推出也没有什么别的东西事实上属于我的本质。

第二点是说:从我心里有一个比我更完满的东西的观念,不能得出这个观念比我更完满,尤其不能得出这个观念所代表的东西存在。

我的答复是:观念这个词在这里有歧义:它可以从实质方面理解为我的理智的一个活动,在这个意义上是不能说它比我更完满的;它也可以从客观方面理解为这个活动所代表的东西,这个东西我虽不能假定它存在于我的理智以外,却可以比我更完满,这是由于它的本质[4]的缘故。但是,我在下文中要更详细地表明,怎样仅

① mens humana,法译作 l'esprit humain,指思想的主体。

② anima,法译作 l'âme,指生命的主体。

③ in ordine ad ipsam rei veritatem,法译作 selon l'ordre de la vérité de la chose,指事物的实际情况。

④ sua essentia,法译作 son essence,指它是什么。

仅从我心里有一个比我更完满的东西的观念，就可以得出这个东西真正存在来。

此外，我也看到另外两篇相当长的文章谈这个问题，它们攻击的与其说是我举出来的理由，不如说是我得出的结论，而且它们用来攻击的那些说法无非是从无神论者们的滥调里套来的。可是这类说法并不能在那些可以理解我的论证的人心中造成任何印象，而且多数人的评判是非常浅薄，非常不合道理的，他们总是宁愿相信自己对一件事的先入之见，哪怕它是错误的、离开正理很远的，而不肯接受可靠的、真正的、以后得到理解的对那些意见的驳斥，所以我不想在这里答复它们，以免先得将它们复述一番。

我只是一般地说，无神论者们那些攻击神存在的说法，依靠的永远是要么把人的七情六欲强加于神，要么以为我们的心灵具有强大的力量和智慧，自命有权决定和理解神能够和应该做什么事；因此，他们的说法并不能给我们造成任何困难，只要我们牢记：我们应该把自己的心灵看成有限的，把神看成无限的、深不可测的。

现在，我充分考虑人们对我的意见之后，重新研讨神和人心这两个问题，同时讨论整个第一哲学的本原，可是我并不期待庸俗的吹捧，也不希望我的书得到多数读者。正好相反，我决不会劝任何人读它，除非他愿意跟我一同进行严肃的沉思，并且能够让他的心灵与感官脱离关系，完全摆脱各式各样的成见；这样的人我只知道为数非常之少。至于另外一种人，他们根本不理会我提出的那些理由的次序和联系，只乐于对这一部分那一部分指指点点，吹毛求疵，像许多人做的那样，那种人我说也不会读了这部论著得到多大好处；他们也许会在许多处所找到挑剔的机会，却很难提出什么咄咄逼人的，或者值得答复的反驳来。

既然我并不向别人预先许诺，说我能一下就使他们满意，也不吹嘘自己有那么大的能力，能够预见到一切可以给每个人造成困难的事情，我要在这几篇沉思里首先告诉大家，我是凭着哪些想法使自己深信已经达到了一种对于真理的确切、可靠的认识，看看我用这些使我自己深信的理由是不是也能使别人深信；这以后，我将答复一些博学多才的人向我提出的反驳，我在付印之前就向他们发送了我的这些沉思，请求他们审查。因为他们向我提出的反驳为数很多，而且是各式各样的，我敢说别的人是很难提出什么尚未涉及的有重要意义的反驳来了。

因为这个缘故，我恳请列位想看这几篇沉思的人仔细看这些反驳和我所做的答复，在全部看完之前不要下任何判断。

附 录 三

下列六篇沉思的综述[①]

第一篇告诉我们：由于什么原因，我们可以普遍地怀疑一切事物，尤其是物质性的东西，只要我们在学问上除了历来所持的根据之外没有别的根据。一种如此普遍的怀疑有什么用处，虽然乍看起来并不明显，可是尽管如此，它的用处却是非常之大的，因为它能使我们摆脱各式各样的成见，为我们准备一条方便的道路，好让我们的心灵养成脱离感官的习惯，而且能使我们以后发现某些东西真实时不可能再怀疑它们。

第二篇告诉我们：心灵运用它固有的自由，认定任何东西只要其存在有丝毫可疑之处，就是不存在的，但是认为自己绝对不可能不存在。这也有一种非常大的用处，因为它用这种办法很容易区别开属于它的东西，即具有心智本性的东西，与那些属于形体[②]的东西。但是，由于很可能有人期待我在这个地方提出一些理由来

① 这是《第一哲学沉思集》正文前的综述，原著为拉丁文，后经 Luynes 和 Clerselier 译为法文。

② corpus，法译作 le corps，指有长、宽、高的东西，包括物体和身体。

证明灵魂不会死[1]，所以我认为应该在这里提醒他们：我已经决心在这部论著里不写任何没有精确证明的东西，因此我认为自己不得不遵循一个好像几何学家们所用的次序，就是首先提出一个待证命题所依靠的一切东西，然后才从其中推出结论。为了正确地认识灵魂不会死，需要做到的第一件主要的事情是给灵魂构成一个清楚明白的概念，完全有别于我们对形体所能具有的一切概念；这件事已经在这个地方做到了。除此以外还需要知道，凡是我们清楚而且分明地理解到的东西，就像我们理解到它们那样是真的；这在第四篇沉思之前还不能证明。此外还应该有一个关于形体本性的分明的概念，这个概念一部分构成于这个第二篇里，一部分构成于第五、第六篇沉思里。最后应该从这一切得出结论：凡是我们清楚而且分明地理解到是不同的本体[2]的东西，如同我们理解到心灵和形体那样，实际上是一些本来彼此有别的本体，这是第六篇沉思得出来的结论；在这个第六篇沉思里还肯定了一件事，就是我们只能把一切形体理解为可分的，与此相反，人的心灵却只能理解为不可分的；因为事实上我们并不能理解任何灵魂的一半，却可以理解任何一个再小不过的形体的一半，所以我们只能承认它们的本性不仅不同，甚至多半是相反的。不过在这本书里我并没有进一步讨论这个问题，因为这已经足以相当清楚地表明形体的朽坏并不带来心灵的死亡，由此可以给人以死后复活的希望；同时也因

---

① immortalitas animae，法译作 l'immortalité de l'âme，指灵魂不像形体那样会死。

② substantia，法译作 la substance，指一物之所以是或存在的根本，即亚里士多德的ὀυσία。

为我们据以推出心灵不会死的那些前提要由全部物理学来解释。首先要知道，一般说来，所有的本体，即一切不经神创造就不能存在的东西，是凭它们的本性不会朽坏的，而且它们不能不再是[①]，除非神亲自撤回对它们的维持[②]，让它们化为乌有；其次要注意，一般的形体是一个本体，正因为如此，是不消灭的；但是人的形体不同于其他的形体，只是由某些肢体和偶性搭配起来组合而成的，人的心灵却不是像这样由什么偶性组合而成的，它是一种纯粹的本体。因为它的一切偶性虽然变化，例如它在想某某东西，它在要另一些东西，以及它在感觉另一些东西之类，心灵本身却并不变成别的东西；人的形体变成另外一样东西，这只是由于它的某些部分的形状改变了：由此可见，人的形体很容易消灭，人的心灵是凭着它的本性不会死的。

在第三篇沉思里，我觉得已经相当详尽地解释了我证明神存在的主要论证。但是尽管如此，由于我在这个地方不愿意用有形体的东西打比方，好教读者的心灵摆脱使用感官的习惯，这样一来也许会留下许多模糊不清的地方，希望在我对迄今所提反驳的答复中把它们完全说清楚。例如其中就有一个这样的问题：我心里那个关于最完满的是者[③]的观念，怎么包含着那么多的客观实在性，就是说，由于代表某个东西而分沾上那么高级的是和完满，以

---

① esse，法译作 être，指原始意义的存在，此处“不再是”就是停止存在的意思。

② concursus，法译作 le concours，基督教神学认为神从无中创造了万物，使它们得以存在，然后给以经常在的协助，使它们维持存在，如不维持，就立即复归于无。

③ ens，法译作 l'être，是动词 esse[是]的现在分词形式，转用为名词，指“那个是的东西”；最完满的是者就是神。

至于应当来自一个最完满的原因。我在这些答复中用一架非常精巧的机器作比,这机器的观念存在于某个工匠的心里;因为,正如这个观念的客观精巧应当有某个原因,就是这个工匠的学识,或者是另外一个把这观念传授给他的人的知识,同样情形,我们心中的神的观念不可能不以神本身为原因。

第四篇证明凡是我们十分清楚而且分明地觉察到的都是真的,同时说明错误或虚假的原因何在,这是必须知道的,知道了就可以肯定以前的真理,并且更好地理解后来的真理。可是应当注意到,我在这个地方根本不讨论罪恶,即追求善和恶时所犯的错误,讨论的只是判断和分辨真假时所发生的错误,我也不谈那些属于信仰或为人处世方面的事情,只谈那些思辨的、唯有借助于天然的灵明[①]才能认识的真理。

在第五篇沉思里,除了解释一般意义的形体本性之外,还用一个新的理由证明了神的存在,其中虽然也有可能遇到某些困难,可是大家会在我对人们向我提出的那些反驳的答复中看到解决;此外,我还以某种方式表明,的的确确,几何学式证明之所以可靠,全靠对神的认识。

最后,在第六篇里,我把理解活动与想象活动区别开来,并且在那里描述了这种区别的标志;我在其中指出,人的心灵确实与形体有区别,虽说形体非常紧密地与心灵结合在一起,好像与它构成一体似的。那里把各种来自感官的错误都揭明了,还指出了避免这些错误的办法;最后我还提出各种理由,从而得出物质性的东西

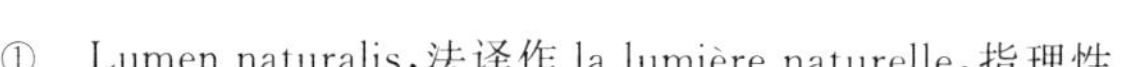

① Lumen naturalis,法译作 la lumière naturelle,指理性。

存在的结论;这并不是因为我认定这些理由非常有利于证明它们所证明的事情,如有一个世界,人有身体,以及诸如此类的事,这些是任何有良知的人从来不会怀疑的;我提出这些理由却是因为人们经过仔细考虑,会看出这些理由不如那些引导我们认识神和我们心灵的理由那么扎实、那么明显;所以那些理由是可以击中人心的认识的最可靠、最明显的理由,这就是我打算在这六篇沉思里证明的一切;因为这个缘故,我在这里略去了许多我在这部论著中也曾偶然谈到的其他问题。

附　录　四

按照几何学的方式安排的证明神存在、灵魂与形体有区别的理由①

定　义

一、**思想**②这个名称，是指一切在我们心里、被我们直接意识到的东西。因此一切意志活动、理智活动、想象活动和感官活动都是思想。可是我又加上直接二字，来排除那些跟随、依附我们思想的东西，例如有意的行动，它实际上是以意志为它的本原的，本身并不是思想。[所以行走并不是思想，而是我们对自己在行走这件事的知觉或认识。]③

二、**观念**④这个名称，我理解为我们每个思想的那种形式，我们是凭着对那种形式的直接知觉进而意识到这些思想的。因此，

① 《第一哲学沉思集》一书正文后附录的“笔者对第二组反驳的答复”最后一部分。

② cogitatio，法译作 la pensée。

③ 这句话是法译本第二版增补的。

④ idea，法译作 l'idée，指思想的形式，在心里面，不同于柏拉图的 idea (ἰδέα)之为事物的形式。

我理解我所说的话时，一定是我心里有我的话所指的东西的观念，否则我就不能用话来表达任何东西。所以我用观念这个名称来称呼的，并不是那些仅仅描绘在幻想里的形相；正好相反，我不用这个名称称呼它们，只要它们是在形体的幻想里面的，就是说，是描绘在大脑的某些部分里面的；我称之为观念的，只是那些向心灵本身报信的形相，是心灵本身在支配着大脑的那个部分。

三、所谓观念的客观实在性[①]，我理解为观念所代表的东西是性[②]，就其在观念里面而言。同样情形，我们也可说一种客观的完满，或一种客观的灵巧，等等。因为凡是我们理解为在观念的对象里的，也都客观地[或通过代表作用][③]在观念本身里。

四、说某某东西形式地[④]在观念的对象里，是指它在对象里就像我们对它理解的那样；说它卓越地[⑤]在那里，是指它并不是像那个样子，而是伟大到能够以它的杰出弥补这个缺陷。

五、一件东西，以它为主体直接寄托着，或者以它为依靠存在着某种我们理会到的东西，即我们心里有实在观念的某种特性、性质或属性，就叫本体。因为严格说来，我们对于本体没有别的观念，只认为它是这样一个东西，其中形式地或卓越地存在着我们所理会的东西，即客观地在我们的某个观念里面的东西，因为天然的光亮[⑥]告

① realitas objectiva，法译作 la réalité objective，指观念中的实在性；这里的objectiva 是中世纪的用法，与近代的用法相反。

② entitas，法译作 l'entité ou l'être，指存在性。

③ 法译本增补。

④ formaliter，法译作 formellement；指不多不少地。

⑤ eminenter，法译作 eminemment，指大大地。

⑥ 即理性或良知。

诉我们,无是不能有任何实在的属性的。

六、那有思想直接寄托于其中的本体,就叫心灵[①]。我在这里宁愿叫它心灵,而不想叫它灵魂[②],因为灵魂这个名称有歧义,而且常常用来指一个有形体的东西。

七、那作为主体直接带着伸张[③]以及以伸张为前提的偶性如形状、位置、位移等等的本体,称为形体[④]。至于那称为心灵的本体和称为形体的本体究竟是同一个本体,还是两个不同的、分立的本体,要在这以后再研讨。

八、那被我们理解为无上完满的、不能设想其中包含任何缺陷或完满的限制的本体,称为神。[⑤]

九、我们说某种属性包含在一件东西的本性或概念[⑥]里时,就等于说这种属性真是这件东西的,可以确信它在这件东西里面。

十、说两个本体确实有区别,是指这二者之一能够离开另一而存在。

---

① mens,法译作 l'esprit,原指思想的主体,但法语 l'esprit 有歧义。

② anima,法译当作 l'âme,原指生命的主体,虽然也用来指思想的主体,但在一般人的心目中常常被看成鬼魂之类,所以笛卡尔不想用这个字。但是他所用的 mens 这个词被译成法语 l'esprit 也有歧义,所以法译者将"我在这里……有形体的东西"一句改为"我在这里就叫它 Esprit。尽管如此,这个名称却是有歧义的,因为人们有时也用它来指一种非常精致的液体;可是我不知道有什么更恰当的名称。"

③ extensio localis 或 extensio,法译作 l'extension 或 l'étendue,指向长、宽、高三个方向伸展的立体性。旧译"广袤"或"广延",都只有长、宽两个方向,是平面的意思。

④ corpus,法译作 le corps,指立体的东西。旧译"物体"、"身体"等,都只说到 corpus 的一方面。

⑤ Deus,法译作 Dieu。

⑥ conceptus,法译作 le concept,指在心里形成的想法。

要　求

我要求：第一，读者要考虑到，那些一向使他们信任自己感官的理由是多么软弱无力，他们向来依靠感官做出的一切判断是多么不可靠；他们要长期地、经常地重温这种考虑，直到养成习惯，不再那样坚定地信赖自己的感官；因为我认定必须这样才能知道形而上的东西是可靠的。[1]

第二，读者要考虑他们自己的心灵，以及心灵的一切属性，他们会看出这些属性是不能以任何方式怀疑的，虽然他们认定自己凭着感官接受的一切都是完全虚假的；他们要不断地考虑这一点，直到养成习惯，能清楚地认识到这比一切有形体的东西更容易认识。

第三，他们要专心研究那些无需证明就能知道的命题，这些命题是每一个人都在自己心里发现的，例如：同一个东西不能同时既是又不是；无不能是任何东西的作用因[1]，等等；他们要运用自然给予他们的那种理解的清楚明白，可是这种清楚明白总是受到感官知觉的干扰，被弄得模糊不清。所以我说，他们要运用那种干干净净的、摆脱感官成见的清楚明白；因为用这个办法，下列公理的真实不虚才会非常明显地向他们显现。

第四，要研究那些包含若干属性总和的本性的观念，例如三角形的本性，正方形的本性，或者某种别的图形的本性，还有心灵的

① causa efficiens，法译作 la cause efficiente，指发生作用的原因，也称为动力因。

本性，形体的本性，以及这以上的神或无上完满是者[1]的本性。要看到我们确实可以肯定的那些东西[2]都在本性里面，我们清楚地理会到它们包含在其中。举例来说，由于直线三角形的本性里面包含着它的三个角等于两直角，形体或伸张的东西的本性里面包含着可以分割（因为我们不能理会一个伸张的东西会小到不能分割，至少在思想上还是可以分割的），所以确实可以说一切直线三角形的三个角都等于两直角，一切形体都可以分割。

第五，要锲而不舍地思考那无上完满的是者的本性；除此以外，要考虑到其他一切本性的观念里诚然包含着可能的存在，在神的观念里却不仅包含着可能的存在，而且包含着必然的存在。因为单凭这一点，不用任何推理，就知道神存在，其明显不下于二是偶数、三是奇数之类。因为有些事情就是这样无需证明就被某些人知道，而另一些人只有通过一长串说理和论证才能理解。

第六，要仔细考虑我在这几篇沉思里说到的一切清楚分明地知晓的例子，以及一切模糊混乱的例子，这样才能养成习惯，善于分清知道得清楚的东西与模糊的东西；因为学会这一点用例子比用规则好，我想不碰到一点东西是举不出任何例子的。

第七，要注意到：我们从来没有在理解得一清二楚的东西中间认出什么假的来，而是正好相反，除非凑巧，我们从来没有在知道得糊里糊涂的东西碰到过什么真的；这样，就会考虑到：如果由于某些感官的成见，或者由于某些任意提出的、建立在暧昧不明的东

---

① ens，法译 l'être，指"那个是的东西"或"那个起作用的东西"。

② 指属性。

西上的假设，竟对理智清楚分明地理会到东西产生怀疑，那是完全不合理的。用这样的办法，就会很容易认为下列公理是真实无疑的，虽说我承认其中有许多条可以解释得更好些，应当提出来作为定理，而不是视之为公理，如果我愿意说得准确一点的话。

公理或共同见解

一、没有一样存在的东西不能问它存在的原因是什么，因为即使对于神也可以这样问；这并不是由于神需要有一个原因使之存在，而是因为神的本性广大无垠就是那个原因或理由，说明了神不需要有什么原因使之存在。

二、现在并不依靠那个直接在它前面的过去；由于这个缘故，保存一样东西并不需要一个亚于当初产生它的原因。

三、任何东西，任何实际存在的东西的完满，都不能以无[①]为它存在的原因

四、一件东西里面的实在性或完满，是形式地或卓越地在它的根本原因或充足原因[②]里面的。

五、由此可见，我们观念的客观实在性要有一个原因，这原因就包含着这种实在性，不仅是客观地包含着，而且是形式地或卓越地包含着。必须注意，这条公理是非接受不可的，单凭这条公理，我们才能认识所有的东西，包括可以感觉到的和不能感觉到的。因为，举例来说，我们是根据什么知道天存在呢？是因为我们看见

① nihil，法译作 le néant，指与“是者”相反的“不是者”。

② prima et aedqua causa，法译作 la cause première et totale，指最初的原因，也是全部原因，即神。

它吗？可是这个“看见”除非是一个观念，一个附着在心灵里面的观念，而不是一个描绘在幻想里的影像，否则它是联系不到心灵上的。而且，如果不是一切观念都该有一个具有客观实在性的、实际存在着的原因，我们也不能根据那个观念断定天存在；我们断定那个原因就是天本身，别的事情也是这样。

六、有不同等级的实在性或是性：因为本体具有的实在性要多于偶性或样式[①]具有的，无限本体所具有的要多于有限本体具有的。由于这个缘故，本体的观念里的客观实在性要多于偶性的观念里的，无限本体的观念里的要多于有限本体的观念里的。

七、思想者的意志是自愿地而且自由地活动的（因为这属于它的本质），却又不可避免地奔向他清楚地认识到的好事。因为这个缘故，他如果发觉有些完满是自己所缺乏的，就立刻向它们扑上去，只要他能办得到。[因为他会认识到，有这些完满是一件比没有它们更大的好事。][②]

八、能做比较多、比较难的事情的，也能做比较少、比较容易的事情。

九、创造或者保存一个本体，比起创造或者保存它的属性或特性来，是一件更大、更难的事；但是创造一件东西，比起保存它来，并不是一件更大、更难的事：这是已经说过的。

十、在一件东西的观念或概念里，是包含着存在的，因为我们只有在存在的形式下，才能理会某个东西；不同的是在一件有限的

① modus，法译作 le mode，即情况。

② 这一句原本所无，是法译者增补的。

东西的概念里，只包含着可能的或偶然的存在，而在一个无上完满的是者的概念里，则包含着完满的、必然的存在。

命题一　只要考虑神的本性就知道神存在。

证　明

说某某属性包含在一样东西的本性或概念里，就等于说这种属性真是这样东西的，可以确信它在这样东西里面（据定义九）。

然而必然的存在是包含在神的本性或概念里的（据公理十）。

所以真能说必然的存在是在神里面，也就是神存在。

这个三段论式跟我答复第六条反驳时所用的一模一样；它的结论是那些摆脱一切成见的人不用证明就能知道的，像第五个要求里说的那样。可是由于人们不容易达到这样深刻的洞见，我们还要努力用别的办法来证明这件事。

命题二　单从神的观念在我们心中来后天地[1]证明神存在。

证　明

我们每一个观念的客观实在性都要求有一个原因，这原因里

① a posteriori，即根据事实、根据经验。

面包含着这种实在性，不过并不是客观地包含着，而是形式地或卓越地包含着（据公理五）。

然而我们心里有一个神的观念（据定义二和八），这个观念的客观实在性并不包含在我们心里，既不是形式地也不是卓越地包含在其中（据公理六），它不能包含在别的东西里面，只能包含在神里面（据定义八）。

因此这个在我们心中的观念要以神为它的原因；所以神存在（据公理三）。

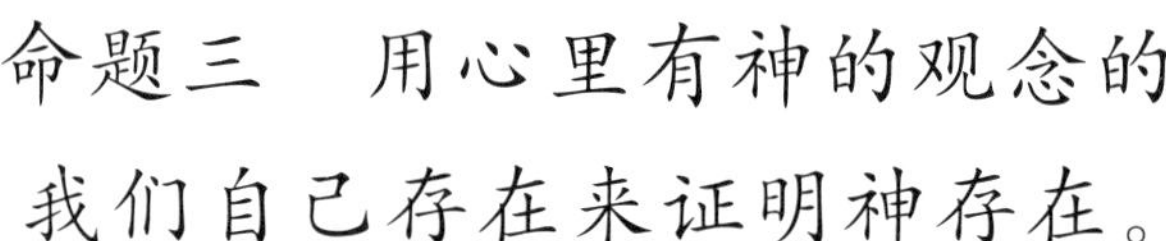

命题三　用心里有神的观念的我们自己存在来证明神存在。

证　明

如果我有能力保存我自己，那就有更强的理由认为，我也会有本领给予我一切我所缺乏的完满（据公理八和九）；因为这些完满只是本体的属性，而我自己是一个本体。

但是我没有本领给予我这一切完满；因为否则我就已经具有这些完满了（据公理七）。

因此我没有本领保存我自己。

此外，我之所以能存在，只有我的存在得到保存才行。这个保存者要么是我自己，假定我有这种本领的话；要么是另外一位有这种本领的（据公理一和二）。

然而，我是存在的，可是我并没有本领保存我自己，像上面证明的那样。

因此我是由另外一位保存的。

此外,那位使我得以保存的在自身内形式地或卓越地具有我里面的一切(据公理四)。

然而,我心里有许多我所缺乏的完满的见解[1],以及一位神的观念(据定义二和八)。

因此,这些完满的见解也在那个使我得以保存的一位里面。

最后,那位使我得以保存的并不能具有他自身缺乏的任何完满的见解,也就是说,他并不在自身内形式地或卓越地具有它(据公理七);因为,他既然有本领保存我,像刚才说的那样,那就有更强的理由能够把这些完满给予他自己,如果他没有的话(据公理八和九)。

然而他具有我认为自己缺乏、只能理解为在神里面的那一切完满的见解,像上面证明的那样。

因此他自身里面形式地或卓越地具有这一切完满,所以他就是神。

系

神创造了天和地,以及其中所包含的一切东西,除此以外,他还能够按着我们理会的方式造出我们清清楚楚理会到的一切东西。

① perceptio,法译作 l'idée ou la notion,指心中的形相。

证　明

这一切都是根据前面那个命题清清楚楚地得出来的。因为我们在那里已经证明了神存在，这是由于必然有一个存在者，其中形式地或卓越地包含着一切在我们心里有其观念的完满。

然而我们心里有一个非常伟大的势力的观念，单是那个拥有这种势力在自身中的存在者，就不仅创造了天和地等等，也创造了一切我们知道可能的其他东西。

因此，我们证明了神存在，也就随着证明了这一切。

命题四　心灵和形体确实是有区别的。

证　明

凡是我们清清楚楚地理会[①]到的，都能由神按照我们理会到它的那个样子造出来。

然而我们清清楚楚地理会到心灵，即思想的本体，并不带着形体，即伸张的本体（据要求二）；另一方面我们也清清楚楚地理会到形体，并不带着心灵（这是每一个人都很容易同意的）。

因此，至少凭着神的全能，是可以有不带形体的心灵，以及不带心灵的形体的。

现在，那些可以一个不带另一个的本体，是确实有区别的（据

① percipimus，法译作 nous concevons，指理性认识，并非感知。

定义十)。

然而心灵和形体是这样一些本体(据定义五、六、七),它们可以一个不带另一个(像我们刚才说的那样)。

因此,心灵和形体是确实有区别的。

必须注意到,在这里我用了神来做出我的证明;这并不是因为需要有一种超乎寻常的势力把心灵与身体分开,而是因为我在前面那些命题里仅仅讨论了神,就不能根据别的、只能根据神做出证明。至于是什么势力把这两样东西分开的,并没有多大关系,因为我们知道它们确实是有区别的。

图书在版编目(CIP)数据

谈谈方法/(法)笛卡尔著;王太庆译.—北京:商务印书馆,2017
(汉译世界学术名著丛书:120年纪念版:珍藏本)
ISBN 978-7-100-14794-1

Ⅰ.①谈… Ⅱ.①笛… ②王… Ⅲ.①哲学理论—法国—近代 Ⅳ.①B565.21

中国版本图书馆CIP数据核字(2017)第158516号

汉译世界学术名著丛书
(120年纪念版·珍藏本)
谈谈方法
〔法〕笛卡尔 著
王太庆 译

商务印书馆出版
(北京王府井大街36号 邮政编码100710)
商务印书馆发行
北京冠中印刷厂印刷
ISBN 978-7-100-14794-1

2017年12月第1版　开本710×1000 1/16
2017年12月北京第1次印刷　印张8¼
定价:45.00元